Iburg

Essen gegen das Vergessen

Anne Iburg kocht schon seit ihrer Kindheit leidenschaftlich gerne. Mit der Ausbildung zur Diätassistentin und einem anschließenden Studium der Ökotrophologie machte sie das Thema Ernährung auch zu ihrem Beruf. Mit viel Kreativität und Vergnügen kreiert sie Köstlichkeiten für alle erdenklichen Anlässe – und für diverse Beschwerden. Als Ökotrophologin legt sie ihr Augenmerk dabei besonders auf die neuesten Erkenntnisse der Wissenschaft. Anne Iburg lebt und arbeitet als Food-Journalistin in Kaiserslautern.

Anne Iburg

Essen gegen das Vergessen

Das Anti-Demenz-Kochbuch

TRIAS

MASON

SON

Liebe Leserinnen und Leser,

erfreulicherweise leben wir Deutschen immer länger. Aber Altwerden heißt auch, dass wir uns auf Krankheiten wie Krebs, Herz-Kreislauf-Erkrankungen sowie Alzheimer oder eine andere Form von Demenz im Alter einstellen müssen. Alle diese Krankheiten lassen sich nicht verhindern, denn unser Leben ist und bleibt begrenzt und das heißt, dass unser Körper in irgendeiner Form an unseren persönlichen Schwachstellen abbaut. Unser Erbgut spielt dabei eine entscheidende Rolle, doch gibt es immer mehr Hinweise, dass das richtige Essen den Alterungsprozess im Körper und auch im Gehirn entschleunigen kann.

Insgesamt sind in Deutschland mehr als 16,5 Millionen Menschen älter als 65 Jahre und schätzungsweise 1,2 Millionen Menschen leiden an Alzheimer. Die Alzheimer-Krankheit ist eine fortschreitende, degenerative und unheilbare Störung des Gehirns. Dabei funktionieren Zellen bestimmter Gehirnregionen zunächst nicht mehr vollständig und sterben schließlich ab. Vielleicht haben auch Sie einen Dementen in Ihrem Familien- oder Freundeskreis. Manch einer von Ihnen hat sich sicherlich schon einmal darüber Gedanken gemacht, ob sich eine Demenz verhindern lässt. Demenz über die Ernährung zu heilen, scheint nicht möglich zu sein. Aber Wissenschaftler konnte nachweisen, dass sich eine Demenz um bis zu sieben Jahre hinauszögern lässt (Mind-Diet-Studie). Und verschiedene andere wissenschaftliche Studien kommen zu ähnlichen Ergebnissen.

Englische, amerikanische und skandinavische Studienergebnisse bilden die Grundlage dieses Buches. Mit der Nordic-Mediterranean-Diet zeige ich Ihnen Rezepte, die uns helfen, länger geistig fit zu bleiben.

Guten Appetit mit meinen Rezepten und gutes Gelingen beim Erstellen von Wochenplänen, die Sie vor Demenz schützen und Ihr individuelles Krankheitsrisiko hoffentlich um viele Jahre senken werden.

Anne Iburg

Demenz – was können wir dagegen tun?

Eine Demenz lässt sich nicht verhindern, aber sie lässt sich um bis zu sieben Jahre hinauszögern. Eine gesunde Ernährung mit viel frischem Obst und Gemüse kann dazu wesentlich beitragen, wie in mehreren Studien erforscht wurde.

Demenz – eine neurodegenerative Krankheit

Es gibt verschiedene Formen von Demenz. Allen gemeinsam ist, dass bestimmte Gehirnregionen nicht mehr richtig funktionieren. Manche Risikofaktoren können wir nicht beeinflussen, aber eine gesunde Lebensführung kann eine Demenz hinauszögern.

Gemeinsamen Schätzungen von Weltgesundheitsorganisation und Alzheimer's Disease International zufolge litten 2015 weltweit 46,8 Millionen Menschen an einer Demenz. Dabei handelt es sich um eine erworbene Beeinträchtigung der geistigen Leistungsfähigkeit, die Gedächtnis, Sprache, Orientierung und Urteilsvermögen einschränkt und so schwerwiegend ist, dass die Betroffenen nicht mehr zu einer selbstständigen Lebensführung in der Lage sind.

Deutschland liegt unter allen Nationen nach der Gesamtzahl der Kranken gleichauf mit Brasilien auf dem fünften Platz weltweit, übertroffen lediglich von China, den USA, Indien und Japan. Als häufigste Ursache einer Demenz gilt in den westlichen Ländern die Alzheimer-Krankheit, deren Anteil auf mindestens zwei Drittel der Krankheitsfälle geschätzt wird, gefolgt von den vaskulären Demenzen, die durch Schädigungen der Blutgefäße des Gehirns verursacht werden. Oft treten Mischformen der beiden Krankheitsprozesse auf.

Darüber hinaus gibt es zahlreiche weitere Ursachen für eine Demenz, die insgesamt jedoch seltener sind. Dazu gehören neurologische Erkrankungen wie die Creutzfeldt-Jakob-Krankheit, Stoffwechselerkrankungen, Infektionen des Gehirns, Vergiftungserscheinungen durch Medikamentenmissbrauch, Vitaminmangelzustände oder Schädel-Hirn-Verletzungen. Depressionen, Hirntumore oder -geschwulste oder eine Abflussstörung der Hirnrückenmarksflüssigkeit (Normaldruckhydrozephalus) können ebenfalls für demenzielle Symptome verantwortlich sein.

Nur in sehr seltenen Fällen (weniger als 2%) ist die Ursache einer Demenz behebbar, sodass Hirnleistungen verbessert oder wiederhergestellt werden können.

Verschiedene Demenzformen

Unter dem Oberbegriff »Demenz« werden viele verschiedene Demenzformen zusammengefasst.

Die Alzheimer-Krankheit ist eine hirnorganische Krankheit. Sie ist nach dem deutschen Neurologen Alois Alzheimer (1864–1915) benannt, der die Krankheit im Jahr 1906 erstmals wissenschaftlich beschrieben hat. Der größte Risikofaktor für die Entwicklung einer Alzheimer-Krankheit ist das Alter. Nur in seltenen Fällen sind die Betroffenen jünger als 60 Jahre. Kennzeichnend für die Erkrankung ist der langsam fortschreitende Untergang von Nervenzellen und Synapsen. Im Gehirn von Alzheimer-Kranken sind typische Eiweißablagerungen (Amyloid-Plaques siehe Seite 14) festzustellen.

Bei der vaskulären Demenz kommt es infolge von Durchblutungsstörungen des Gehirns zu einem Absterben von Nervenzellen. Vom Ausmaß der Durchblutungsstörung ist es abhängig, wie ausgeprägt die Demenz ist.

Die Lewy-Körperchen-Demenz ähnelt der Alzheimer-Krankheit sehr stark. Bei vielen Patienten sind aber starke Schwankungen der geistigen Fähigkeiten im Tagesverlauf festzustellen. Häufig treten auch früh zu Krankheitsbeginn Halluzinationen und/oder Bewegungsstörungen auf.

Die Parkinson-Krankheit zeigt sich in erster Linie in Bewegungsstörungen. Sie verläuft schleichend, ist aber in den meisten Fällen nicht mit geistigen Einschränkungen verbunden. Erst im späten Krankheitsstadium bildet sich bei einem Teil der Betroffenen eine Demenz aus.

Die Creutzfeldt-Jakob-Krankheit gilt als menschliche Variante des sogenannten »Rinderwahnsinns« (BSE). Diese Demenzform hat einen sehr schnellen Verlauf, tritt aber nur sehr selten auf.

Das Korsakow-Syndrom ist häufig die Folge eines jahrelangen übermäßigen Alkoholkonsums. Die Betroffenen verlieren die Fähigkeit, neue Informationen zu speichern, und entwickeln oft die Tendenz, ihre Gedächtnislücken mit frei erfundenen Geschichten zu füllen.

Die frontotemporale Demenz ist eine Krankheit, bei der der Abbau von Nervenzellen zunächst im Stirn- und Schläfenbereich (Frontallappen) des Gehirns stattfindet (Seite 14). Von hier aus werden u. a. Emotionen und das Sozialverhalten kontrolliert. Frontotemporale Demenzen treten normalerweise früher auf als die Alzheimer-Krankheit. Die Spanne ist sehr groß (zwischen 20 und 85 Jahren).

Die Alzheimerkrankheit und ihre drei Stufen

Die Alzheimer-Krankheit ist eine komplexe Krankheit und kann Menschen auf unterschiedliche Art und Weise beeinträchtigen. Gleichwohl gibt es Stadien, die viele Betroffene durchlaufen und die das Fortschreiten der Erkrankung im Gehirn widerspiegeln.

Als frühestes Symptom treten normalerweise alltägliche Erinnerungslücken auf. Dies wird als »anamnestische« Phase der Erkrankung bezeichnet, da möglicherweise noch keine anderen Symptome erkennbar sind. Wenn Menschen Dinge verlieren oder verlegen, sich an vertrauten Orten verirren oder viel Zeit für alltägliche Aufgaben benötigen, können dies frühe Warnzeichen sein.

Als Nächstes haben die betroffenen Menschen typischerweise Probleme mit der Sprache und der Kommunikation, da ihr Alltagswissen beeinträchtigt ist. Sie können wiederholt die gleiche Geschichte erzählen oder die gleiche Frage stellen, Mühe mit dem Wiedererkennen von Familienangehörigen oder Freunden haben, Schwierigkeiten bei der Wortfindung oder eine nicht mehr flüssige Sprache haben. Außerdem treten in diesem Stadium Probleme bei Planungen und bei Problemlösungen auf, was die Bandbreite der krankhaften Vorgänge in stirnseitig gelegenen Regionen des Gehirns widerspiegelt. Später kann es zu Veränderungen der Gemütslage und des Verhaltens kommen. Menschen in diesem mittelschweren Stadium der Erkrankung haben in der Regel Probleme bei Aktivitäten des täglichen Lebens und werden deshalb mehr Hilfe bei Aufgaben des Alltags benötigen.

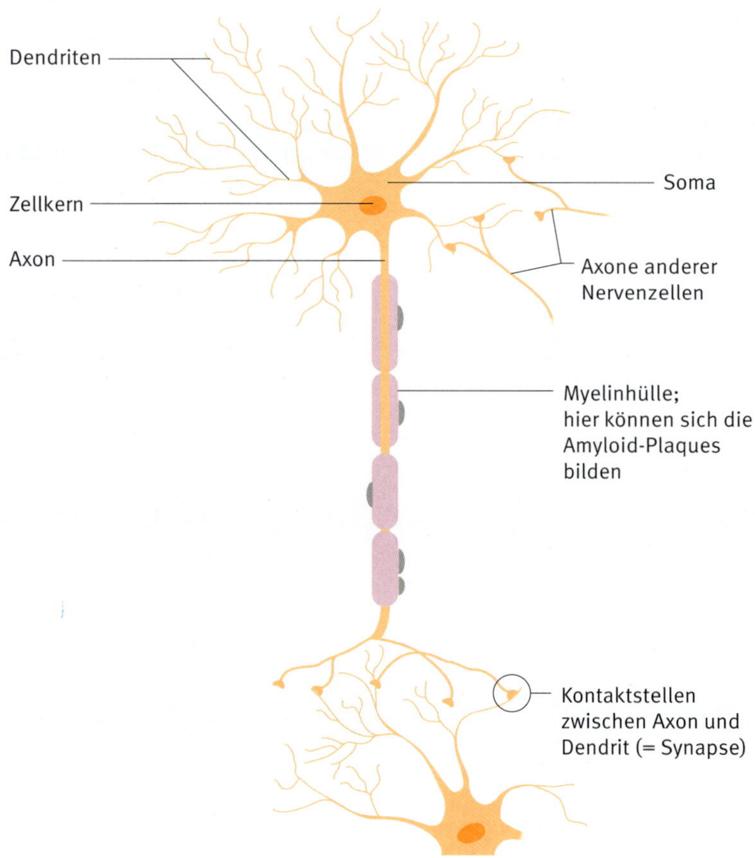

Im dritten Stadium erfasst die Erkrankung die meisten Bereiche des Gehirns und die betroffene Person hat die sogenannte »globale Demenz«. Alle Bereiche der Wahrnehmung sind stark betroffen, wobei jedoch auch Probleme bei den körperlichen Funktionen vorhanden sind. Menschen in diesem Stadium der Erkrankung können unfähig sein, sich selbst oder nahe Familienangehörige zu erkennen, eine Blasen- oder eine Darminkontinenz erleiden, visuelle oder akustische Halluzination durchleben, stereotype/rituelle Verhaltensweisen entwickeln und Hilfe selbst bei den einfachsten Aktivitäten des täglichen Lebens benötigen.

Unser Gehirn

Das durchschnittliche Gehirn eines Erwachsenen wiegt ca. 1,5 kg und hat ungefähr die Größe eines mittelgroßen Blumenkohls. Es ist ein sehr aktives Organ mit einem besonders hohen Energiebedarf. So macht es beim Erwachsenen etwa 2 % der Körpermasse aus, verbraucht aber etwa 20 % des Gesamtgrundumsatzes. Es enthält etwa 100 Milliarden Nervenzellen (Neuronen) mit 100 Billionen Verbindungen (Synapsen) zwischen den Zellen. Nervenzellen sind die Bausteine des Gehirns und

« Synapsen vernetzen unser Gehirn.

sind über ihre Synapsen zu einem Netzwerk verbunden. Elektrische Signale zusammen mit chemischen Reaktionen ermöglichen es dem Gehirn, kognitive (geistigen) Prozesse auszuführen.

Synapsen schaffen funktionelle Verbindungen zwischen den Nervenzellen. Ihre Aktivität ist ausschlaggebend für die Funktion des Gehirns und dessen Fähigkeit, zwischen den Nervenzellen Informationen auszutauschen. Die durchschnittliche Nervenzelle ist über 1.000 Synapsen mit anderen Nervenzellen verbunden. Synapsen werden ständig neu gebildet, was bedeutet, dass die vorhandenen Synapsen mit der Zeit durch neue ersetzt werden. Im gesunden Gehirn stehen Ab- und Aufbau von Synapsen im Gleichgewicht.

Synapsen sind wichtig, um »Schaltkreise« innerhalb des zentralen Nervensystems zu bilden, und essentiell, um die kognitiven Prozesse wie z. B. die Wahrnehmung und das Denken zu vermitteln. Ein Synapsenverlust bedeutet eine Abnahme der Gedächtnisleistung. Um die Gedächtnisfunktion lange aufrechtzuerhalten, ist es wichtig, die Bildung der Synapsen in einem Gleichgewicht zu halten.

Synapsen bestehen aus Membranen, die aus einer bestimmten Gruppe von Fetten zusammengesetzt sind, den sogenannten Phospholipiden. Phospholipide werden im Gehirn eigenständig gebildet, dafür braucht es drei Stoffe: Omega-3-Fettsäuren, Uridinmonophosphat und Cholin. Die Bildung von Phospholipiden wird zudem von Vitaminen und Antioxidantien unterstützt.

Als Uridinmonophosphat bezeichnet man das Monophosphat des Uridins. Uridinmonophosphat gehört zur Gruppe der Nukleotide und ist in Fleisch, Obst, Gemüse und Getreide vorhanden. Je natürlicher das Lebensmittel ist, umso mehr Uridinmonophosphat enthält es.

Cholin

Cholin ist ein Vorprodukt des Acetylcholins, das bei der Übertragung von Informationen bei Neurotransmittern bedeutend ist. Acetylcholin spielt somit eine große Rolle bei kognitiven Funktionen wie Gedächtnisbildung, Konzentration und Aufmerksamkeit. Bei an Demenz und Alzheimer erkrankten Menschen ist die Acetylcholinkonzentration oft niedriger als bei gesunden. Cholin wurde vom Food and Nutrition Board (USA) als »lebenswichtiger Nährstoff« klassifiziert. Unser Körper kann Cholin selbst herstellen oder durch Nahrung aufnehmen. Früher galt es als Vitamin und wurde Vitamin B_4 (wie Adenin) genannt; mittlerweile wird es offiziell als »vitaminähnliche Substanz« aufgeführt.

Da Cholin nur in kleinen Mengen von Körper produziert wird, reichen diese nicht aus. Wir sollten deshalb darauf achten, cholinhaltige Lebensmittel zu uns zu nehmen. Durch langes Fasten oder einen einseitigen Diätplan kann es zu einem Cholin-

Wie deckt man den Bedarf an Cholin?

Da Cholin in vielen Grundnahrungsmitteln enthalten ist, braucht man in der Regel keine Supplemente.

- Besonders Fleisch, Fisch, Eier und Milchprodukte enthalten Cholin.
- Pflanzliche Lebensmittel wie Soja und Nüsse enthalten eher Lecithin, das von unserem Körper in Acetylcholin umgewandelt wird.
- Lecithin wird auch vielen Produkten, die einen Emulgator brauchen, zugesetzt. Werfen Sie einen Blick auf die Zutatenliste.

mangel kommen. Die Folgen sind Muskelschäden und eine Fettleber. Außerdem ist das Risiko für Demenz erhöht.

Amyloid-Proteine

Amyloid-Proteine lagern sich bei der Alzheimer-Krankheit vermehrt in Form von Plaques oder auch als kleinere Klümpchen im Gehirn ab. Das Amyloid-Protein entsteht aus Amyloid-Precursor-Protein, das in den Zellmembranen eingebunden ist, in dem verschiedene Enzyme (Sekretasen) das Amyloid-Protein abspalten. Das Amyloid-Protein hat eine »klebrige« Oberfläche und geht Verbindungen mit anderen Proteinen ein. So bildet sich ein immer größerer Komplex, die Plaque, der die Funktionen der Nervenzellen stört und somit das Gehirn nicht mehr korrekt arbeiten lässt.

Gemessen wird die Konzentration des Amyloid-Proteins im Blut. Der Blutspiegel des Amyloid-Proteins erlaubt Rückschlüsse auf die Menge im Gehirn. Aus einer aktuellen Studie der Columbia-Universität in New York weiß man, dass ein guter Omega-3-Fettsäuren-Spiegel im Blut das Amyloid-Protein niedrig hält. Diskutiert wird ebenfalls der positive Einfluss von Vitamin B_{12}, Folsäure, Vitamin D und Vitamin E sowie ß-Carotin auf die Konzentration des Amyloid-Proteins im Gehirn.

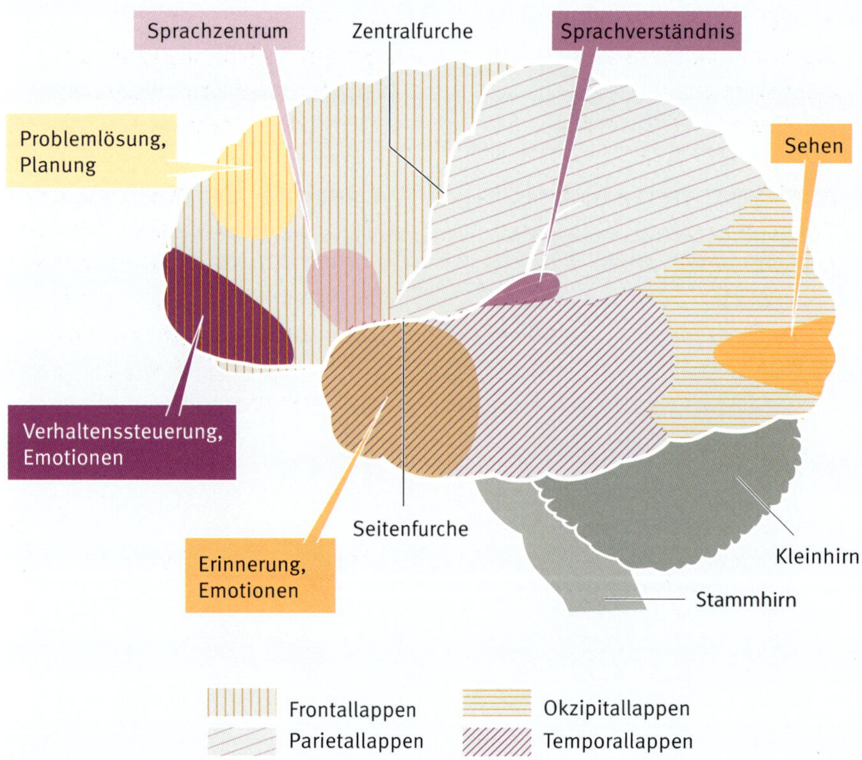

Anatomie des Gehirns

Das Gehirn besteht aus zwei Hälften (Hemisphären), die durch den sogenannten Balken (Corpus callosum) miteinander verbunden sind. 80 % der Hirnmasse entfallen auf das Großhirn. Die verschiedenen Leistungen erbringt das Gehirn in jeweils speziell dafür zuständigen Hirnregionen. Diese Regionen entsprechen bestimmten Gebieten des Gehirns, die sich auch anhand der Anatomie nachvollziehen lassen. Bestimmte Areale sind für die unterschiedlichen Aufgaben zuständig.

Vereinfachend lässt sich das Gehirn einteilen in:

- Großhirn (Telencephalon) mit Hirnrinde (Kortex oder Cortex).

« Funktionen des Großhirns

Es ist unterteilt in verschiedene Lappen: Frontallappen, Parietallappen, Temporallappen und Okzipitallappen.

- Kleinhirn (Cerebellum, Metencephalon)
- Zwischenhirn (Diencephalon). Es beinhaltet unter anderem die Hypophyse und den Thalamus.
- Hirnstamm (Truncus cerebri) mit Mittelhirn (Mesencephalon) und Nachhirn (Myelencephalon)

Über das Großhirn werden folgende Funktionen gesteuert:

- Der Frontallappen steuert das Verhalten und die Emotionen und ist bei der Planung und Problemlösung stark beteiligt.
- Im Okzipitallappen wird das Sehen gemanagt.
- Der Temporallappen sorgt dafür, dass wir Erinnerungen behalten und Emotionen speichern können.
- Im Parietallappen ist das Sprachverständnis gelagert.

Je nachdem, welcher Lappen wie stark betroffen ist, zeigt sich die Demenz in einer leicht anderen Form.

Risikofaktoren für eine Demenz

In epidemiologischen Studien wurden folgende Risikofaktoren für die Entwicklung einer Demenz gefunden.

Risiken, die wir nicht beeinflussen können:

- Das Alter: Das Risiko für das Auftreten einer Demenz steigt in der zweiten Lebenshälfte mit dem Alter stark an.
- Das Geschlecht: Frauen sind häufiger von Demenz betroffen als Männer, was nur teilweise mit der höheren Lebenserwartung und hormonellen Unterschieden erklärbar ist.
- Gene: Demenz bei Verwandten ersten Grades.

Risiken, die wir selbst in der Hand haben:

- Falsches Essen: Es führt zu Übergewicht (BMI >30), Fettstoffwechselstörungen, Bluthochdruck, Diabetes Typ 2.
- Geringe psychosoziale Betätigung und geringe geistige Aktivität: Aktivierung der Gehirnzellen und Beanspruchung der geistigen Fähigkeiten schaffen »geistige Reserven« und gewähren uns so Aufschub.
- Bewegung: Wer körperlich aktiv bleibt, scheint auch geistig fitter zu sein.
- Alkoholkonsum: Reduzieren Sie Ihren Alkoholkonsum auf ein gesundes Maß. Nach den D-A-CH-Referenzwerten der Deutschen Gesellschaft für Ernährung (DGE) sind 10 g Alkohol pro Tag für Frauen und 20 g Alkohol pro Tag für Männer akzeptabel.
- Rauchen: Wer aufhört zu rauchen, kann sein persönliches Risiko um zwei bis vier Jahre hinauszögern.

Welche Nährstoffe schützen unser Hirn?

Durch die bewusste Auswahl von Nahrungsmitteln können wir das Auftreten einer möglichen Demenz um mehrere Jahre hinauszögern. Worauf müssen wir dabei achten? Welche Nährstoffe sind besonders wichtig und in welchen Lebensmitteln sind sie enthalten?

Über Demenz und Alzheimer wurde und wird viel geforscht. In diesem Kapitel stelle ich Ihnen die Nährstoffe vor, die Wissenschaftler für Schutzfaktoren des Gehirnstoffwechsels halten, und erkläre Ihnen, wie Sie den Bedarf daran am besten decken können.

Antioxidantien

Unter Antioxidantien verstehen wir Vitamine, Spurenelemente und sekundäre Pflanzenstoffe (Polyphenole), die schädliche freie Radikale abfangen können.

Freie Radikale sind besonders reaktionsfreudige Sauerstoffverbindungen, die normalerweise bei körpereigenen Reaktionen wie dem Stoffwechsel entstehen. Sind zu viele dieser freien Radikale im Umlauf, reagieren sie willkürlich mit anderen Körperzellen und zerstören diese in einer oxidativen Reaktion. Oxidation kennen wir aus unserem Alltag: Ein aufgeschnittener Apfel wird braun und Eisen rostet. Um ein gesundes Gleichgewicht zu halten, setzt der Körper Antioxidantien ein. Antioxidantien sind Radikalfänger, die mit den freien Radikalen reagieren, um so die anderen Körperzellen vor Oxidation zu schützen. Sind nicht genügend Antioxidantien vorhanden, um die freien Radikale zu binden, spricht man von oxidativem Stress.

Oxidativer Stress

Oxidativer Stress ist maßgeblich am Alterungsprozess des Körpers beteiligt, da er die Reparatur- und Entgiftungsfunktion der Körperzellen beeinträchtigt. Studien belegen den Zusammenhang zwischen oxidativem Stress und dem Auftreten einer Demenz, aber auch anderer neurodegenerativer Leiden. Da oxidativer Stress zudem eine Vorstufe der Plaquebildung in den Gefäßen darstellt, gilt er auch als Mitverursacher der Arteriosklerose. Oxidativer Stress verursacht also von sich aus keine Krankheiten, begünstigt aber das Entstehen von Erkrankungen. Umso wichtiger ist es daher für unsere Gesundheitsvorsorge, diesen Stress möglichst zu reduzieren.

Neben Maßnahmen wie, mit dem Rauchen aufzuhören, und der aktiven Stressreduktion im Alltag kann eine gesunde, ausgewogene

Ernährung dazu beitragen, ein gesundes Gleichgewicht, die sogenannte »oxidative Homöostase«, wiederherzustellen. Denn es hat sich mittlerweile gezeigt, dass eine falsche Ernährung ein ernstzunehmender Faktor bei der Entstehung von oxidativem Stress ist. Eine unausgewogene hochkalorische Ernährung mit einfachen Kohlenhydraten, sprich Zucker, aber auch industriell gefertigte Lebensmittel begünstigen die Entstehung von oxidativem Stress. Denn speziell die auf Haltbarkeit ausgelegten industriellen Lebensmittel machen zwar satt, aber liefern kaum genügend Mikronährstoffe bzw. Antioxidantien, da diese teilweise durch den Produktionsprozess und die lange Lagerung verloren gehen.

Vitamin C

Vitamin C ist ein wasserlösliches Vitamin. Neben vielen anderen Aufgaben fängt es vor allem freie Radikale in wasserlöslichen Medien des Körpers, d. h. in den Zellen und im Blut. Vitamin C schützt vor Demenz, indem es die atherosklerotischen (gefäßverengenden) Prozesse dezimiert und die Bildung von Plaques in den Blutgefäßen reduziert. Außerdem unterstützt Vitamin C Vitamin E als Antioxidans.

Wissenschaftler diskutieren darüber, ob der Vitamin-C-Bedarf mit zunehmendem Alter höher sein müsste. Demente weisen häufig einen niedrigeren Vitamin-C-Blutspiegel auf als gesunde Menschen. Einige Wissenschaftler sind der Meinung, dass die Resorption aus dem Darm im Alter nachlässt, dagegen meinen andere, dass im Alter oft weniger Vitamin-C-haltige Produkte wie frisches Obst gegessen werden. Einig sind sich alle Demenz-Nährstoffforscher darüber, dass es keinen ausreichenden positiven Effekt hat, Vitamin C nur zu substituieren. Die Vitamin-C-Versorgung muss immer im Zusammenhang mit Vitamin E betrachtet werden. Einige Studien kommen zu dem Ergebnis, dass 80–250 mg Vitamin C/Tag zu einem optimalen Level zum Schutz vor Demenz führen könnten. Die Deutsche Gesellschaft für Ernährung empfiehlt Frauen 95 mg Vitamin C/Tag und Männern 110 mg/Tag.

Wie deckt man den Bedarf an Vitamin C?

- Essen Sie zwei Portionen frisches Obst pro Tag: Zitrusfrüchte, Kiwis und Beeren jeglicher Art sind ausgezeichnete Vitamin-C-Quellen.
- Essen Sie drei Portionen Gemüse am Tag, z. B. Paprika, Tomaten, Kohl und Kartoffeln, möglichst frisch oder nur kurz erhitzt, denn Vitamin C ist hitzeempfindlich.

Übrigens: Der Vitamin-C-Verlust ist bei tiefgekühltem Obst und Gemüse gering. Daher ist hier Tiefkühlware eine schnelle und gut lagerfähige Alternative zu frischem Obst und Gemüse.
Wenn Sie wenig Obst und Gemüse essen, können Sie ein Multivitaminpräparat verwenden. Doch Studien zeigen durchweg, dass Vitamine aus ihrer natürlichen Umgebung eine bessere Wirksamkeit zeigen als Vitamine aus Präparaten.

Vitamin E

Vitamin E ist der effizienteste Radikalfänger im Gehirn. Es wird von Zink, Vitamin C, beta-Carotin und von Selen in Form der selenhaltigen Glutathionperoxidase unterstützt.

Allerdings gibt es nicht das Vitamin E, sondern unter »Vitamin E« ist eine Gruppe chemischer Verbindungen zusammengefasst, denen ein Chromanring gemeinsam ist. Lange Zeit hat man in der Forschung das Augenmerk nur auf das alpha-Tocopherol (Vitamin E) gerichtet, doch im Bereich der Demenz, wo neben antioxidativen Prozessen auch der Schutz von inflammatorischen/entzündlichen Prozessen entscheidend zu sein scheint, spielt das gamma-Tocopherol (Vitamin E) eine ebenso große Rolle.

Vitamin E ist fettlöslich und verhindert vor allem die Oxidation von mehrfach ungesättigten Fettsäuren in den Membranlipiden. Da das Hirn besonders reich an ungesättigten Fettsäuren in seinen Membranen ist, ist eine gute Versorgung mit Vitamin E entscheidend, um sich vor einer Demenz zu schützen. Der Vitamin-E-Bedarf steigt mit der Zufuhr von mehrfach ungesättigten Fettsäuren an, da diese wesentlich empfindlicher für oxidative Prozesse sind als gesättigte Fettsäuren.

Wie deckt man den Bedarf an Vitamin E?

- Verwenden Sie pflanzliche Öle wie Rapsöl, Walnussöl und Leinöl täglich.
- Essen Sie fünfmal pro Woche etwa 30 g Nüsse am Tag.

Natürlich ist dies in den Empfehlungen der Deutschen Gesellschaft für Ernährung (DGE), die nur Schätzwerte sind, einberechnet. Interessanterweise liegt der Schätzwert bei Frauen im Alter von 15–65 Jahren bei 12 mg Vitamin E, ab 65 Jahren aber nur bei 11 mg Vitamin E. Auch bei Männern sinkt der Schätzwert von 15 mg Vitamin E auf 12 mg Vitamin E. Da niedrige Vitamin-E-Blutwerte und gerade Frauen Demenz-gefährdet sind, lassen sich diese Schätzwerte für die Demenzprävention allerdings nicht ganz nachvollziehen.

Viel Vitamin E in Form von hochdosierten Vitamin-E-Präparaten ist kontraproduktiv. Die Substitute enthalten meist nur alpha-Vitamin E. Die widersprüchlichen Ergebnisse mit diesen Produkten legen den Schluss nahe, dass die natürliche Mischung von verschiedenen Tocopherolen und Tocotrienolen (Fachbegriffe für Vitamin E) eine wesentlich potentere Wirkung im Anti-Aging-Schutz erzielen. Ziehen Sie deshalb natürliche Vitamin-E-Quellen den künstlichen vor.

Polyphenole

Polyphenole gehören zu den sekundären Pflanzenstoffen. Es handelt sich dabei um vitaminähnliche Substanzen. Sie zwar sind keine Vitamine, da sie nicht essentiell sind, doch sie kommen in ähnlich hohen Konzentrationen wie Vitamine in allen pflanzlichen Produkten wie Früchten, Gemüse, Ölsaaten und Getreide vor. Sie wirken antioxidativ, d. h., sie binden freie Radikale, und können den Alterungsprozess verlangsamen. Obst wie Trauben, Äpfel, Birnen, Kirschen und Beeren enthalten bis zu 300 mg Polyphenole pro 100 g Lebensmittel. Erfreulicherweise enthält ein Glas Rotwein oder eine Tasse schwarzer Tee oder Kaffee ca. 100 mg Polyphenole, aber auch grüner Tee, Getreide, Hülsenfrüchte und Schokolade tragen zur Versorgung mit Polyphenolen bei.

Mehr als 8 000 Polyphenole wurden in verschiedenen Pflanzenarten nachgewiesen. Polyphenole können in Abhängigkeit von der Anzahl der Phenolringe, die sie enthalten, und in Abhängigkeit von Strukturelementen, die diese Ringe aneinanderbinden, in verschiedene Gruppen eingeteilt werden. Die Hauptklassen umfassen Phenolsäuren, Flavonoide und Lignane. Flavonoide gehören zu der am besten untersuchten Gruppe von Polyphenolen.

Flavonoide sind die am häufigsten vorkommenden Polyphenole in unserem Essen. Ursprünglich vertrat man die Ansicht, dass Flavonoide an der gelben Farbe der Lebensmittel zu erkennen seien. Daher rührt auch ihre Namensgebung, denn der Name wurde vom lateinischen »flavus« (»gelb«) abgeleitet. Heute muss das erweitert verstanden werden, denn neben gelber Paprika, orangegelber Möhre oder Orange sind auch Rotkohl, Rote Bete und rote Trauben wichtige Flavonoid- Quellen. Flavonoide findet man vor allem in Gemüse und Obst. Das bekannteste Flavonoid ist das Carotin, das man in besonders hohen Maß in der Möhre findet.

Die Verteilung von Polyphenolen innerhalb der Pflanze ist nicht einheitlich. Unlösliche Phenole werden in Zellwänden gefunden, während lösliche Phenole im Pflanzenzellwasser vorhanden sind. In den meisten Fällen enthalten Lebensmittel komplexe Mischungen von Polyphenolen. Bestimmte Polyphenole wie Quercetin werden in allen Pflanzenprodukten gefunden: Obst, Gemüse, Getreide, Tee und Wein.

Die Lagerung beeinflusst den Polyphenolgehalt: Bei Kaffeebohnen und Teeblättern scheint die Fermentierung für Polyphenole von Vorteil zu sein. Bei Obst und Gemüse, aber auch gemahlenem Getreide nimmt der Gehalt an Polyphenolen mit der Lagerungsdauer und der zunehmenden Verarbeitung ab. Pulverisierte Früchte oder Graspulver liegen im Trend der supergesunden Antioxidantien. Aber glauben Sie wirklich, dass im getrockneten und lange gelagerten Pulver noch viele aktive Inhaltsstoffe stecken?

Studienergebnisse zu Polyphenolen zeigen, dass es auch hier besonders wichtig ist, sehr vielfältig und naturnah zu essen. Nahrungsergänzungsmittel auf Basis von sekundären Pflanzenstoffen halten nicht, was sie versprechen.

Die Wirksamkeit der Polyphenole liegt in der Mischung – wie sie von der Natur vorgegeben ist. Diese Mischung ist im Moment für uns Menschen noch ein Geheimnis, das von keinem Wissenschaftler gelüftet worden ist, wohl aber von so manchem Geschäftsmann gerne in Form von grünen und roten Pillen verkauft wird. Wählen Sie also zur Versorgung mit Polyphenolen lieber naturbelassenes Gemüse und Obst statt Nahrungsergänzungsmittel.

Selen

Das Spurenelement Selen nehmen wir insbesondere an Proteine gebunden auf. In unserem Körper ist Selen ein zentraler Bestandteil der Glutathionperoxidase. Dabei

Wie deckt man den Bedarf an Polyphenolen?

Polyphenole sind in allen pflanzlichen Lebensmitteln in unterschiedlichsten Formen enthalten, daher gilt: Essen Sie bunt und so natürlich wie möglich.

- Essen Sie regelmäßig Gemüse und Obst, am besten drei Portionen Gemüse und zwei Portionen Obst am Tag, nicht nur gekocht, sondern auch roh.
- Trinken Sie Bohnenkaffee, grünen und schwarzen Tee in Maßen.
- Auch Vollkornbrot und Vollkornprodukte tragen zur Polyphenolversorgung bei.
- Je dunkler die Schokolade, desto besser. Ein Stückchen am Tag ist genug.
- Leinsamen und andere Ölsaaten, aber auch Nüsse, Oliven und Avocados enthalten Polyphenole.

handelt es sich um ein Enzym, das den Körper und auch das Gehirn vor Oxidationsprozessen schützt. Es entfernt die zellschädlichen Oxidantien, indem es sie chemisch verändert und damit unschädlich macht. Ein Mangel an Selen würde die Glutathionperoxidase lahmlegen.

Zink

Zu Zink und Alzheimer sind die Aussagen leider sehr widersprüchlich. In den Mengen, in denen wir Zink in Lebensmitteln finden, scheint es positiv gegen Demenz zu wirken. Zink ist nicht nur ein Antioxidans, es soll auch den Bruch von Eiweißhüllen im Gehirn verhindern.

Die empfohlene tägliche Zinkzufuhr von 7,0 mg bei Frauen und 10,0 mg bei Männern sollte nicht dauerhaft und stark überschritten werden, denn größere Mengen Zink können sich, ähnlich wie Aluminium, im Gehirn ablagern. Ein Zink-Präparat sollte nicht mehr als 10,0 mg pro Tagesdosis enthalten.

B-Vitamine

Die drei Vitamine B_6, B_{12} und Folsäure sorgen dafür, dass der Homocystein-Spiegel niedrig bleibt. Ein zu hoher Homocystein-Spiegel führt zu Ablagerungen in den Blutgefäßen und verstärkt somit den Zelluntergang im Gehirn. Der Abbau von Homocystein läuft nur mit Hilfe der B-Vitamine Folsäure, Vitamin B_6 und B_{12}. Eine Unterversorgung mit diesen Vitaminen lässt den Homocystein-Spiegel ansteigen. In verschiedenen Studien konnte belegt werden, dass ein schlechter Status dieser drei B-Vitamine die kognitiven Fähigkeiten beeinflussen kann. Hyperhomocysteinämie (zu hohe Homocysteinwerte im Blut) wurde und wird als Ursache oder Mechanismus in der Entwicklung der Alzheimer-Krankheit und anderer Formen der Demenz diskutiert.

Wie epidemiologische Studien zeigen, ist vor allem bei älteren Menschen ein schlechter Status dieser drei B-Vitamine häufig. Zwar liegen nicht unbedingt Mängel an diesen Vitaminen vor, aber oft sind die Blutwerte bezüglich einer dieser drei Nährstoffe in einer Grauzone zwischen Mangel und guter Versorgung. Daher wird diskutiert, ob die suboptimale Versorgung mit diesen drei Vitaminen die Gedächtnisfunktion beeinflusst und dazu beiträgt, altersbedingte kognitive Beeinträchtigungen und Demenz mit herbeizuführen. Vitamin B_6 ist an der Regulation der mentalen Funktion und Stimmung beteiligt.

Wie deckt man den Bedarf an Selen?

- Lauch- und Kohlgewächse können Selen besonders gut speichern und sorgen so für eine gute Selenzufuhr.
- Paranüsse haben einen besonders hohen Selengehalt. Er wird in der Literatur auf 2,54 µg/100 g beziffert.
- Pilze, Spargel und Linsen gelten ebenfalls als selenreiche Lebensmittel.

Wie deckt man den Bedarf an Zink?

Für eine ausreichende Zinkversorgung sind empfehlenswert:

- Fleisch und hin und wieder Innereien, z. B. Leber
- Schalentiere, z. B. Krebse und Garnelen
- Käse und Milch
- Schokolade und Nüsse
- Vollkorngetreide, insbesondere Buchweizen

Durch die Supplementierung mit den drei B-Vitaminen lässt sich der Homocystein-Blutspiegel senken.

Auch wenn manche Studien den Effekt der Gedächtnisverlust-Minderung durch Vitamin B_{12} und Folsäure bezweifeln, ist laut Dr. Eric Karran – Leiter der englischen Alzheimer-Forschung – eine ausgewogene Ernährung für die Gesundheit und damit auch für die Vorbeugung von Krankheiten von Bedeutung.

Erfahrungsgemäß kann durch den Kauf und die Einnahme von Folsäure bzw. anderen Vitamin-Tabletten in hoher Dosis die Gefahr bestehen, dass man sich in falscher Sicherheit wiegt, was den Schutz vor einer Demenz angeht. Dann kann es sein, dass man Risikofaktoren wie eine ungünstige, hochkalorische und nährstoffarme Ernährung, Bewegungsmangel und geistiges Training vernachlässigt. Von hochdosierter Folsäure als Dauermedikament sollte Abstand genommen werden, denn es lässt sich nicht mit ausreichend hoher Wahrscheinlichkeit ausschließen, dass die künstliche Zufuhr solcher Vitamin-Pillen auf Dauer mit der Entwicklung von Tumorerkrankungen einhergeht.

Wie deckt man den Bedarf an Vitamin B_6?

- Vitamin B_6 steckt vor allem in Hühnerfleisch, Rindfilet, Schweinefleisch und Leber, aber auch in Fisch wie Sardinen und Makrelen.
- Vollkornprodukte sind neben Hülsenfrüchten die wichtigsten pflanzlichen Quellen, aber auch Kartoffeln, Kohlgemüse, Spinat, Feldsalat, Tomaten, Avocados, Bananen, Walnüsse und Erdnüsse tragen ausgezeichnet zur Versorgung bei.

Die empfohlene Zufuhr liegt laut Deutscher Gesellschaft für Ernährung (DGE) bei Frauen in jedem Alter bei 1,2 mg am Tag. Bei Männern sinkt sie mit dem Alter von 1,6 mg auf 1,4 mg pro Tag.

Wie deckt man den Bedarf an Vitamin B_{12}?

Vitamin B_{12} findet sich vor allem in tierischen Lebensmitteln.

- Essen Sie zweimal pro Woche Fisch und – in Maßen – qualitativ hochwertiges Fleisch. Gönnen Sie sich ab und zu ein Frühstücksei. Der Verzehr von Milchprodukten ist täglich erwünscht.
- Der Vollständigkeit halber: in geringen Mengen kann Vitamin B_{12} auch in pflanzlichen Produkten enthalten sein, z. B. in Sauerkraut.

Der geschätzte Tagesbedarf liegt laut Deutscher Gesellschaft für Ernährung (DGE) bei Männern und Frauen bei 3 µg pro Tag

Vitamin D

Vitamin D bildet unser Körper, wenn er genügend Sonnenlicht bekommt. Da viele Menschen in den Industrieländern sich wenig im Freien aufhalten, ist ein Vitamin-D-Mangel weit verbreitet. Zu den möglichen Folgen könnte eine Demenz gehören, vermutet David Llewellyn von der University of Exeter.

Der Forscher hat den Zusammenhang an 1 658 Amerikanern untersucht, bei denen vor sechs Jahren der Vitamin-D-Spiegel im Blut bestimmt worden war. Inzwischen sind 171 Teilnehmer der Cardiovascular Health Study an einer Demenz erkrankt, bei 102 wurde die Diagnose »Alzheimer« gestellt. Llewellyn fand heraus, dass Teilnehmer mit einem schweren Vitamin-D-Mangel wesentlich häufiger an Demenz erkrankten. Bei einem leichten Defizit (Vitamin D zwischen 25 und 50 nmol/l), war das Risiko noch halb so hoch, an einer Demenz zu erkranken. Weitere Analysen ergaben, dass eine Konzentration von 50 nmol/l Vitamin D notwendig ist, um eine Demenzerkrankung zu vermeiden.

Die Daten der Studie zur Gesundheit Erwachsener in Deutschland (DEGS) des Robert Koch-Institutes zeigen, dass bei einer Stichprobe von 7000 Erwachsenen (18–79 Jahre alt) knapp 62 % der Teilnehmer den Vitamin-D-Wert von 50 nmol/l nicht erreichten. Dadurch wird deutlich, dass auch bei uns in Deutschland ein Mangel am »Sonnenhormon« Vitamin D weit verbreitet ist.

Vitamin D und seine Wirkung auf die Nervenzellen des Gehirns ist nicht eindeutig geklärt. Eine These lautet, dass Vitamin D indirekt die Amyloidplaques auflöst, da Makrophagen (Fresszellen in unserem Blut) Vitamin D benötigen.

Wie deckt man den Bedarf an Vitamin D?

- Gehen Sie täglich eine halbe Stunde nach draußen, möglichst in die Sonne.
- Nehmen Sie Vitamin D niemals hochdosiert ein, sondern bei vorhandener schlechter Versorgung um die 1000 I.E. als Dauermedikation.

Wie deckt man den Bedarf an Folsäure?

Folsäure leitet sich von »folium«, lateinisch Blatt, ab.

- Als Faustregel zur Bedarfsdeckung gilt: Alles, was grün ist, hat besonderes viel Folsäure, z. B. Spinat, Brokkoli, Erbsen, Wirsing usw.
- Weitere Folsäure-Lieferanten sind grünes Blattgemüse, Hülsenfrüchte, Weizenkeime, Nüsse, Vollkornprodukte, Leber und Eier.

Der Tagesbedarf liegt bei Frauen und Männer bei 300 µg pro Tag. Folsäure ist wasserlöslich und geht unter Wärmeeinwirkung beim Kochen zum Teil verloren. Deshalb ist es wichtig, Gemüse möglichst schonend zuzubereiten. Etwa, indem es bei geringer Hitze und in wenig Wasser kurz gegart wird.

Omega-3-Fettsäuren

Omega-3-Fettsäuren sind für den Menschen essentiell und kommen hauptsächlich in pflanzlichen Ölen, Nüssen und fettigem Fisch vor. Bei den Omega-3-Fettsäuren handelt es sich um die beiden in Fisch vorkommenden Fettsäuren Eicosapentaensäure(EPA) und Docosahexaensäure (DHA) und die in pflanzlichen Ölen und Nüssen vorkommende alpha-Linolensäure. Die Alpha-Linolensäure hat gegenüber den anderen beiden einen Nachteil: Sie muss in unserem Organismus erst mithilfe eines Enzyms in Eicosapentaensäure und Docosahexaensäure umgewandelt werden, um einen vorbeugenden Schutz gegen Demenz zu entwickeln. Dieses Enzymsystem wird ebenfalls von Omega-6-Fettsäuren genutzt. Durch unsere Lebensmittelauswahl nehmen wir zu viele Omega-6-Fettsäuren zu uns. So wird nur ein geringer Teil der Alpha-Linolensäure in die aktive Form umgewandelt. Etwa 300 mg Alpha-Linolsäure braucht Ihr Körper täglich. Dies gelingt, wenn Sie Omega-3-Fettsäuren-reiche Öle wie Rapsöl, Leinöl und Hanföl den Omega-6-Fettsäuren-reiche

Ölen wie Sonnenblumenöl und Distelöl vorziehen.

Eicosapentaensäure und Docosahexaensäure hemmen zudem die Verklumpung der Blutplättchen und senken außerdem die Triglyceride. Wer seinem Herzen etwas Gutes tun will und sich vor einer Demenz schützen möchte, sollte sich öfter Fisch statt Fleisch gönnen. Vor allem Kaltwasserfische wie Lachs und Hering liefern dem Körper große Mengen Omega-3-Fettsäuren. Die Omega-3-Fettsäure Docosahexaensäure ist die im Gehirnstoffwechsel aktivste Fettsäure. Eine gute Versorgung mit Docosahexaensäure senkt die Produktion von Amyloid-Proteinen, die sich als Plaques im Gehirn ablagern und als Auslöser für Alzheimer gelten. Eicosapentaensäure und Docosahexaensäure scheinen auch auf die neuronale Leistungsfähigkeit zu wirken, genaue Mechanismen sind aber noch nicht bekannt.

Zum Thema Docosahexaensäure ist die Studienlage groß, unübersichtlich und widersprüchlich. Es lässt sich aber eindeutig sagen, dass die Aufnahme von tierischen Omega-3-Fettsäuren über die Nahrung sowie die Aufnahme von mehr pflanzlichen Omega-3-Fettsäuren gegenüber Omega-6-Fettsäuren einen positiven Einfluss auf unseren Gehirnstoffwechsel sowie auf vaskuläre (Blutgefäße betreffende) Prozesse in unserem Körper haben.

Fazit und Ausblick

Die Betrachtung von Einzelnährstoffen resultiert – meiner Meinung nach – aus dem Traum, einen oder mehrere Nährstoffe zu finden, die ein Gesundheitsproblem ganzheitlich lösen. Der Mensch und die Natur sind in ihrem Aufbau und im Wechselspiel der Nährstoffe jedoch so komplex, dass es noch lange dauern wird, bis für die Menschheit der richtige selbst zubereitete Nährstoffcocktail gefunden ist. Dieses künstlich kreierte Superfood müsste auf den Gesundheitszustand des einzelnen Menschen sowie auf seinen Lebensstil zugeschnitten sein, sodass es an sich schon fraglich ist, ob es dies für ein einzigartiges Individuum, wie es der Mensch ist, jemals geben wird.

Essen Sie daher möglichst frische, gesunde und wenig verarbeitete Lebensmittel. Dann haben Sie schon viel getan, um eine mögliche Demenz hinauszuschieben.

Weniger bequem, aber heute schon als wesentlich effizienter belegt sind Konzepte, die sich mit einer Veränderung des Lebensstils beschäftigen. In diesem Buch geht es nur um das richtige Essen. Doch neben dem Essen sind körperliche Betätigung, z. B. Tanzen, Wandern, Joggen und Golf bis hin zu Gartenarbeit genauso wichtig wie geistige Beweglichkeit, z. B. Muszieren, Kreuzworträtsellösen, Lesen oder sogar ein Studium im Alter. Alles zusammen kann uns lange vor einer Demenz schützen.

Wie deckt man den Bedarf an Omega-3-Fettsäuren?

- Verwenden Sie pflanzliche Öle wie Rapsöl, Walnussöl und Leinöl täglich. Verzichten Sie möglichst auf Sonnenblumenöl und Distelöl.
- Essen Sie häufig Nüsse in kleinen Mengen (max. 30 g am Tag).
- Zweimal die Woche sollte fettiger Seefisch wie Lachs, Hering, Makrele oder Thunfisch auf Ihrem Speiseplan stehen.
- Verwenden Sie keine reinen hochdosierten Omega-3-Fettsäuren-Produkte. Nehmen Sie Omega-3-Fettsäuren nur in Kombination mit Antioxidantien wie dem fettlöslichen Vitamin E, aber auch Vitamin C und Polyphenolen ein.

Aluminium – eine Gefahr?

Wir nehmen ständig Aluminium mit der Nahrung, dem Trinkwasser und auch aus der Luft auf. Hauptquellen sind Tee, Kakao und Schokolade sowie Salat, Hülsenfrüchte und Getreide. Kochgeschirr und Haushaltsfolien, aber auch Kosmetika tragen ebenfalls zur Aluminiumaufnahme bei.

Weil es unter normalen Bedingungen praktisch unlöslich ist, gelangt Aluminium nur in sehr geringen Mengen in den Körper und wird von Gesunden rasch wieder ausgeschieden. Im Gehirn steigt die Aluminiumkonzentration allerdings mit dem Alter an. Die durchschnittliche Aluminium-Aufnahme eines erwachsenen Menschen beträgt ungefähr 60 Milligramm pro Woche. Sie liegt weit unter der Menge, die Vergiftungsanzeichen hervorruft; hierzu bedarf es einer 300-mal höheren Aluminiumaufnahme pro Tag. Es wird aber diskutiert, dass Aluschalen, in denen Lebensmittel für die Außerhausverpflegung transportiert werden, große Mengen an Aluminium abgeben. Es macht also durchaus Sinn, den Alukontakt bei Lebensmitteln klein zu halten und die Lebensmittel lieber in Plastik- oder Glasbehältnissen zu transportieren.

Schädliche Wirkungen von Aluminium auf das Nervensystem sind seit langem bekannt. Tierversuche und Experimente an Zellkulturen zeigen, dass Aluminium die für die Alzheimer-Krankheit typische Ablagerung des Amyloid-Proteins im Gehirn begünstigt, die Verklumpung von Nervenfasern fördert und damit die Funktion der Nervenzellen herabsetzt.

Viele dieser Befunde lassen sich in einen theoretischen Zusammenhang mit der Alzheimer-Krankheit bringen. Die am besten bekannte Schädigung des Nervensystems durch Aluminium tritt bei der Dialyse (Blutwäsche bei Nierenkranken) auf. Um Phosphat in ausreichendem Maß aus dem Blut zu entfernen, wird der Dialyseflüssigkeit eine Aluminiumverbindung zugesetzt. Der dadurch ansteigende Aluminiumgehalt im Gehirn kann zu ausgeprägten und rasch fortschreitenden Verwirrtheitszuständen sowie zu Bewegungsstörungen führen. Diese Aluminiumvergiftung zeigt aber weder das klinische Bild der Alzheimer-Krankheit noch ruft sie die dafür typischen Gewebeveränderungen hervor. Man versucht heute, diese Form der Hirnschädigung durch Verwendung von aluminiumfreien Dialyseflüssigkeiten zu vermeiden.

Löst Aluminium Alzheimer aus?

Obwohl Aluminium normalerweise nur in Spuren in den menschlichen Körper gelangt, gibt es eine Reihe von Befunden, die eine Beteiligung des Metalls an der Entstehung der Alzheimer-Krankheit nahelegen. Wie kam es dazu? Um 1970 wurde im Gehirn verstorbener Alzheimer-Patienten eine erhöhte Konzentration von Aluminium in den Nervenzellen des erkrankten Gehirnareals gefunden. In benachbarten gesunden Nervenzellen lag ein normaler Aluminiumgehalt vor. Daraus leitete man die Vermutung ab, das Metall trage zur Entstehung der Alzheimer-Krankheit bei. Auftrieb erfuhr die Aluminium-Hypothese um 1990, als in Norwegen, Großbritannien und Kanada ein Zusammenhang zwischen der Häufigkeit der Krankheit in einer bestimmten Region und der dortigen Aluminium-Konzentration im Trinkwasser festgestellt wurde.

Diesen beunruhigenden Erkenntnissen ist entgegenzusetzen, dass bisher kein überzeugender Zusammenhang zwischen einer erhöhten Aufnahme von Aluminium und der Alzheimer-Krankheit nachgewiesen werden konnte. Selbst bei Arbeitern in kanadischen Goldminen, die zum Schutz vor der Staublungenkrankheit Aluminiumpulver einatmeten, wurde keine eindeutige Häufung der Alzheimer-Krankheit beobachtet.

Laut Experten gibt es keine stichhaltige Studie, die belegt, dass Aluminium an der Entstehung von Alzheimer beteiligt ist. Nach der aktuellen wissenschaftlichen Meinung gibt es also auch keinen ausreichenden Grund, aus Sorge vor übermäßiger Aluminiumaufnahme bestimmte Nahrungsmittel zu meiden oder den Gebrauch von Trinkwasser einzuschränken. Die Verwendung von Haushaltsgegenständen aus Aluminium wird eher als unbedenklich eingestuft, aber es gibt auch andere Expertenmeinungen (s.o.). Dialysepatienten sollten sich vergewissern, dass zur Blutreinigung aluminiumfreie Flüssigkeiten eingesetzt werden. Aluminiumhaltige Magensäure bindende Medikamente sollten nur nach ärztlicher Verordnung eingenommen werden und nicht darüber hinaus.

Nordic-Mediterranean-Diet

Welche Lebensmittel wirken sich besonders gut auf unsere Hirngesundheit aus und wie stellt man sie am besten zusammen? Die Nordic-Mediterranean-Diet wurde auf Grundlage mehrerer Studien entwickelt und lässt sich im Alltag gut umsetzen.

In diesem Kapitel stelle ich Ihnen die »Nordic-Mediterranean-Diet« vor, die so zusammengestellt ist, dass sie eine Demenz möglichst lange hinauszögert.

Woher kommt der Name?

Die Datengrundlage für meinen Diätvorschlag ist aus der CAIDE-Studie (Cardiovascular Risk Factors, Aging and Dementia/Finnland) und der MIND-Diät (Chicago, USA) abgeleitet. In all diesen Untersuchungen ging es darum, herauszuarbeiten, welche Ernährung uns möglichst lange gesund erhält.

CAIDE-Studie

Die CAIDE-Studie begann 1998 und ist eine laufende gemeinsame Untersuchung der Abteilung für Neurologie, Universität von Finnland, Kuopio Campus, dem Nationalen Institut für Gesundheit und Wohlfahrt, Helsinki, Finnland und dem Alterungsforschungszentrum (ARC) am Karolinska-Institut an der Universität Stockholm, Schweden. Ziel ist es, den Zusammenhang zwischen Lebensstil und kardiovaskulären Risikofaktoren und Kognition, Demenz und strukturellen Veränderungen im Gehirn zu untersuchen.

Die Forscher bildeten eine zufällige Stichprobe von 2 000 Menschen, die zuvor schon an zwei früheren finnischen Studien über Herz-Kreislauf-Erkrankungen (Nord-Karelien und FINMONICA-Studien) teilgenommen hatten. Ein Ergebnis dieser Langzeitstudie lautet, dass die Lebensstil-Intervention die Demenz nicht völlig verhindern kann, doch nach Schätzungen aus den Ergebnissen der Studie lässt sich der Eintritt der Alzheimer-Krankheit um fünf Jahre hinauszögern. Dieser Effekt würde in den nächsten 50 Jahren die Hälfte aller Demenzerkrankungen verhindern.

Basierend auf den Ergebnissen der CAIDE Studie lässt sich Folgendes festhalten:

- Der Konsum von mindestens 400–500 g Gemüse, Obst und Beeren am Tag ist ein erstrebenswertes Ziel. Ausgedrückt wird dies auch mit der Kampagne »5 am Tag«.

- Das Essen von Vollkornprodukten, egal ob Brot, Müsli, Reis oder Pasta, hilft.
- Bevorzugt sollten Lebensmittel mit höheren Mengen an mehrfach ungesättigten Fetten, insbesondere Omega-3-Fettsäuren, ausgewählt werden. Lebensmittel mit hohen Mengen an gesättigtem Fett sowie verarbeitete Lebensmittel, die Transfette enthalten, sollten gemieden werden.
- Das Essen von verschiedenen Arten von frischem Fisch, mindestens zweimal pro Woche, ist sinnvoll.
- Der Salzkonsum sollte auf unter 5 g pro Tag gesenkt werden. Übrigens wird in Deutschland mehr Salz über verarbeitete Lebensmittel aufgenommen als durch das Salzen von Speisen.
- Rotes Fleisch und Fleischprodukte sollten nur in geringen Mengen verzehrt werden. Wer es sich leisten kann, sollte das Fleisch von Bio-/Weidevieh essen. Durch das fehlende Kraftfutter hat es ein besseres Fettsäuremuster.
- Der Konsum von Speisen und Getränken mit hohem Zuckergehalt (z. B. Süßigkeiten, Limo, Cola) sollte stark reduziert oder besser noch eingestellt werden.
- Übermäßiger Alkoholkonsum sollte vermieden werden.

MIND-Diät

Die MIND-Diät greift auf zwei bewährte Diäten zurück: DASH (Dietary approaches to stop hypertension/USA) und Mittelmeerkost. Sie wurde von Martha Clare Morris, einer Ernährungs-Epidemiologin am Rush University Medical Center in Chicago, entwickelt. An der Studie waren über 900 Senioren aus dem Großraum Chicago beteiligt. Ihnen wurden drei unterschiedliche Ernährungskonzepte unterbreitet: eine Ernährung basierend auf der DASH-Diät, mediterrane Kost und eine Mischform aus den beiden Kostformen. Bei der MIND-Diät beruht das Ernährungskonzept auf 10 Lebensmittelgruppen: grünes Blattgemüse im Besonderen, alle anderen Gemüse, Nüsse, Beeren, Bohnen, Vollkornprodukte, Fisch, Geflügel, Olivenöl und Wein. Dadurch wurden fünf »ungesunde« Lebensmittelgruppen gemieden (rotes Fleisch, Butter und Margarine, Käse, Gebäck und Süßigkeiten, Gebratenes oder Fast Food). Teilnehmer, die anhaltender und genauer den MIND-Diätmustern gefolgt sind, hatten ein niedrigeres Risiko, an Alzheimer zu erkranken, als die anderen Teilnehmer. Aber auch Teilnehmer, die nur Teile ihrer Ernährung umstellten, reduzierten das Risiko, eine Alzheimer-Erkrankung zu entwickeln.

Mediterrane Kost

Ancel Keys hat in den 1950er und 1960er Jahren in der sogenannten »Sieben-Länder-Studie« über einen Zeitraum von 15 Jahren das Essverhalten der Einwohner Kretas im Vergleich zu sechs anderen Regionen untersucht und daraus eine Kostform abgeleitet. Er konnte zeigen, dass damals im Vergleich die Häufigkeit von Gefäß- und Krebserkrankungen und die Krankheitsrate auf Kreta niedriger waren als in den anderen sechs Ländern. Außerdem war die Lebenserwartung der Menschen dort signifikant höher. Die Menschen auf Kreta sind gesund alt geworden, Demenz kannte man in dem Umfang von heute nicht.

Daraus leitet sich bis heute die »mediterrane Kost« ab, die auch unter den Namen »Mittelmeer-Diät« oder »Kreta-Diät« bekannt ist. Der Schwerpunkt liegt hier auf Gemüse, Salat, Obst, Fisch, Knoblauch, wenig rotem Fleisch, der Verwendung von Olivenöl sowie täglich maximal einem Glas Rotwein.

Die Studie von Keys bildet die Grundlage für weitere Studien zur mediterranen Kost. Ein Beispiel: In der Lyon-Diet-Heart-Study in den 1990er Jahren wurde Olivenöl teilweise durch Rapsöl ersetzt. So konnte belegt werden, dass Rapsöl das vaskuläre Risiko um 50 % senkt.

Die mediterrane Kost hat nichts mit der heutigem Essen der Menschen in der Mittelmeerregion zu tun. Pasta und Pizza aus hellem Mehl, Salami, Fettgebackenes und Eis sind weder »herz- noch gehirngesund«, auch wenn einige dies gerne so interpretieren.

Essen für ein gesundes Gehirn

Wie stellen wir unsere Speisen am besten zusammen, um möglichst lange gesund zu bleiben und uns vor Demenz und Alzheimer zu schützen? Auf den ersten Blick erscheint es vielleicht schwierig, meinen Vorschlägen zu folgen. Aber mit der Checkliste (Seite 40) und dem Wochenplan (Seite 39) wird es Ihnen sicher gelingen, Ihre Ernährung auf »hirngesund« umzustellen.

Getränke

Etwa 1,5 bis 2 l Getränke in Form von Wasser, Kaffee und Tee braucht der Mensch täglich, um fit und leistungsfähig zu sein. Wasser ist nach wie vor das Getränk Nr. 1, doch enthalten Kaffee, grüner und schwarzer Tee Polyphenole, die antioxidativ wirken. Zwei bis drei Tassen am Tag reichen, bei höheren Mengen verliert sich der Nutzen zulasten eines zu hohen Koffeingehaltes.

Über nichts wird emotional so stark gestritten, wie über den Weinkonsum und dessen gesundheitlichen Wert. Der Ursprung dafür liegt in der sogenannten Sieben-Länder-Studie (Seite 27). Darin wurde u. a. festgestellt, dass die damaligen Bewohner Kretas im Durchschnitt ein Glas Rotwein (100 ml) am Tag getrunken haben und Demenz dort so gut wie unbekannt war.

Das Trinken von Rotwein, anderen Weinen oder Bier ist aber kein Muss. Es zeigt eher eine Mengenbegrenzung nach oben. Der Alkohol schützt uns nicht vor einer Demenz, sondern die in ihm enthaltenen Polyphenole. Diese finden wir jedoch auch in anderen Genussmitteln wie Kaffee, Tee und Schokolade, aber auch in alltäglichen Lebensmitteln wie Obst und Gemüse. Jemand, der aus welchen Gründen auch immer keinen Alkohol und damit auch keinen Rotwein trinkt, muss – wenn er alles andere in seiner Ernährung richtig macht – sein Risiko einer Demenzerkrankung nicht höher

» Die Mediterranean-Nordic-Ernährungspyramide

selten
SÜSSIGKEITEN, FRITTIERTES
in kleinen Mengen
2–3 Portionen/Woche
WURSTWAREN, ROTES FLEISCH
GEFLÜGEL
2 Portionen/Woche
Öl
1–2 EL/Tag
5 x max. 30g/Woche
2 x max. 20g/Woche
Milch
2 Portionen/Tag
2–3 Eier/Woche
FISCH, OLIVENÖL ODER/UND RAPSÖL
WAL-, MACADAMIANÜSSE, (DUNKLE) SCHOKOLADE,
MILCHPRODUKTE (MILCH, KÄSE, JOGHURT, BUTTER),
EIER
HIRSE
3 Portionen/Tag
VOLLKORNPRODUKTE, KARTOFFELN,
GETREIDE
3 Portionen/Tag
2 Portionen/Tag
BOHNEN
3 Portionen/Woche
GEMÜSE
OBST
HÜLSENFRÜCHTE (ERBSEN, LINSEN, BOHNEN)
max. 3 Tassen/Tag
100 ml/Tag
Wasser
1–1,5 l/Tag
KAFFEE, GRÜNER UND SCHWARZER
TEE, ROTWEIN, WASSER

einschätzen als das von jemandem, der jeden Tag ein Glas Wein trinkt.

Wird aber immer zu viel Alkohol getrunken, steigt das Risiko, an einer Demenz zu erkranken, deutlich. Wer gerne mal ein kleines Glas Alkohol trinkt und Rotwein mag und verträgt, sollte sich unter den alkoholischen Getränken für Rotwein entscheiden. Die Empfehlung für Rotwein halte ich jedoch nicht für eine Muss-Empfehlung, sondern für eine Kann-Empfehlung mit einer ganz klaren Mengenbegrenzung nach oben.

Gemüse

Gemüse, insbesondere grünes, hält uns lange geistig fit. Auch wenn wir Deutschen unseren Gemüsekonsum gesteigert haben, so ist noch Luft nach oben: Drei Portionen werden täglich empfohlen. Der international wissenschaftliche Streit, ob eine Portion nun 80 g (Großbritannien und USA) oder 130 g (Deutschland, Österreich, Schweiz) umfasst, ist in wissenschaftlichen Untersuchungen wichtig, doch im Alltag unerheblich. Der gesunde Menschenverstand sagt uns: Eine Portion ist ein gute Handvoll Gemüse und wiegt zwischen 80 und 130 g. Und das erscheint vielen Menschen schier unmöglich. Dabei ist es gar nicht schwer, die drei Portionen zu schaffen – lesen Sie weiter!

Grünes Gemüse enthält viel Folsäure und Polyphenole sowie Vitamin C in kleinen Mengen. Um insbesondere ausreichend mit Folsäure versorgt zu sein, wäre eine Portion grünes Gemüse am Tag ratsam. Den Meisten fällt spontan nur Spinat ein, aber auch Mangold, Brokkoli, Wirsing, Grünkohl, Salat, Rucola, grüne Bohnen, Kresse, Blattpetersilie und Avocado sind wichtige Folsäure-Lieferanten.

Bei den nicht grünen Gemüsesorten fallen vielen auf die Schnelle nur Tomaten und Zwiebeln ein. Es gibt aber auch noch Blumenkohl, Radieschen, Rettich, Paprika, Kohl, Aubergine, Möhre, Rote Bete und Kürbis – die Auswahl ist also riesig. Alte Gemüsesorten wie Steckrübe, Schwarzwurzel und Pastinake sorgen zusätzlich für Abwechslung.

Bei der warmen Mahlzeit des Tages sollte Gemüse etwa die Hälfte des Tellers füllen. Dies wird dann als zwei Portionen gezählt. Um ausreichend mit den leicht wasserlöslichen, hitzeempfindlichen Vitaminen und Polyphenolen versorgt zu sein, gilt als Faustregel: Eine Portion am Tag sollte roh sein, d. h., wer zum Abendbrot eine mittelgroße Tomate isst oder eine große Möhre knabbert, hat damit die fehlende dritte Portion erreicht. Es ist also gar nicht so schwer, die drei Portionen Gemüse am Tag zu schaffen. Eine große Schüssel Eintopf bzw. Gemüsesuppe können Sie auch als drei Portionen zählen.

Tiefgekühltes Gemüse können Sie ebenfalls gern verwenden. Das Tiefkühlen führt nur zu geringen Vitaminverlusten. Von Gemüse aus der Dose – mit Ausnahme von Tomaten – ist abzuraten, denn Dosengemüse verliert Vitamine, außerdem wird grundsätzlich Salz zugesetzt.

Obst

Obst gilt als sehr gesund, doch Gemüse ist gesünder und daher ist die Portionszahl bei Obst auf zwei beschränkt. Bei kleinstückigem Obst wie Erdbeeren oder Früchten, die man erst aufschneiden muss, gilt ebenfalls das Handmaß. Eine Portion ist eine Handvoll. Nicht mehr – das reicht! Wer gerne Müsli isst, kann sich morgens schon frisches Obst in die Schale schneiden. Von Trockenobst ist abzuraten, denn hier sind weder viele Vitamine noch eine große Anzahl von Polyphenolen zu finden. Bei Trockenfrüchten handelt es sich um viel Zucker mit den Ballaststoffen und Mineralstoffen, die Obst im frischen Zustand auch schon hatte. Also, warum getrocknetes Obst im Ganzen oder auch pulverisiert auf Müslis und Smoothies streuen, wo wir so ein großes Angebot an frischem Obst über das ganze Jahr haben?

In der Mind-Diet wird den Beerenfrüchten ein besonders hoher Stellenwert unter den Obstsorten eingeräumt. Beeren sind besonders reich an Vitamin C und an Polyphenolen. Doch müssen sich Äpfel, Zitrusfrüchte und andere exotische Obstsorten bezüglich Ihrer Inhaltstoffe nicht hinter den Beeren verstecken.

Essen Sie Obst grundsätzlich frisch oder ersetzen Sie eine Portion am Tag durch Tiefkühlware. Passen Sie sich in Ihren Essgewohnheiten dem saisonalen Angebot an, das ist gesund und umweltschonend. Warum Anfang Juni einen Apfel essen, wenn es frische deutsche Erdbeeren gibt? Und warum an Weihnachten Himbeeren aus Peru essen, wo wir doch Orangen aus Spanien haben? Äpfel sind nicht wirklich mediterrane Früchte, doch hat auch ein frisch geernteter Apfel einen hohen Vitamin-C-Gehalt und reichlich Polyphenole. Kaufen Sie also Ihre Äpfel regional!

Hülsenfrüchte

Hülsenfrüchte, wie Erbsen, Bohnen und Linsen, sind sehr reich an Nährstoffen, kalorienarm und besitzen einen hohen Eiweißgehalt. Zusätzlich liefern Hülsenfrüchte die Vitamine B_1, B_6 und Folsäure, Zink, Selen und jede Menge Polyphenole. In allen traditionellen Küchen der Welt spielen Hülsenfrüchte eine große Rolle und trugen von je her zur Gesundheit der Menschen bei.

In der Mind-Studie wird der Verzehr von drei Portionen Hülsenfrüchte pro Woche als gehirngesund beschrieben. Dies lässt sich z. B. erreichen, wenn Sie eine Suppe mit Bohnen, einen Aufstrich aus Kichererbsen und Bällchen aus Linsen essen. Aber auch Tofu gehört als verarbeitetes Produkt aus der Sojabohne zu den Hülsenfrüchten. Etwa eine Handvoll gekochter Hülsenfrüchte zählt als eine Portion.

Getreideprodukte und Kartoffeln

Getreide ausschließlich als Vollkornprodukte scheint aufgrund seiner Polyphenole und B-Vitamine gehirngesund zu sein. Low Carb und das allzeit beliebte Verzichten auf Brot, Nudeln und Kartoffeln zugunsten von mehr Eiweißquellen ist kontraproduktiv für die Gesundheit. Auf Kuchen, Kekse, Weißmehlbrot und -pizzaböden zu verzichten, macht Sinn, da sie ballaststoffarm und arm an B-Vitaminen sind.

Mit mediterraner Kost ist nicht das gemeint, was Sie im Mittelmeerurlaub erleben und genießen. Das Studienkollektiv – die Bewohner Kretas der 1950er Jahre – haben weniger Weißmehlprodukte zu sich genommen. Um hier ausreichend mit den gesunden Inhaltstoffen von Getreide versorgt zu sein, sollten Sie drei Scheiben Vollkornbrot täglich essen.

Eine gleichwertige Alternative zur Scheibe Brot sind Getreideflocken, Vollkornreis und Vollkornnudeln. Kartoffeln sind in Form von Salz- oder Pellkartoffeln, aber auch als Kartoffelbrei und Bratkartoffeln okay. Frittierte Kartoffelerzeugnisse tun der geistigen Fitness nicht gut.

Öle und Butter

Speiseöle wie Raps- und Olivenöl zeichnen sich durch einen hohen

Gehalt an Ölsäuren sowie einen niedrigen Gehalt an Linolsäure aus. Rapsöl schlägt Olivenöl im puncto Omega-3-Fettsäuren: Es hat einen relativ hohen Anteil von Alpha-Linolensäure, einer Omega-3-Fettsäure, die nach dem Umbau für den Gehirnstoffwechsel eine große Rolle spielt (Seite 22).

Rapsöle sind als »native/kaltgepresste« und »raffinierte/dampfgewaschene« Öle im Handel zu finden. Diese unterschiedlichen Verarbeitungsformen bei Rapsölen führen zu unterschiedlichen Eigenschaften wie Farbe, Geruch und Geschmack. Die nicht nativen Rapsöle sind durchweg preisgünstiger als die kaltgepressten und schmecken neutral. Sie sind bzgl. des Omega-3-Fettsäurengehalts nicht schlechter und lassen sich im Gegensatz zu den nativen Rapsölen auch stark erhitzen, sodass Sie mit ihnen braten können.

Olivenöl finden wir in Deutschland nur in der höchsten Qualitätsstufe »natives Olivenöl extra«. Es handelt sich um kalt gepresstes Öl, das keine bedeutende Quelle von Omega-3-Fettsäuren ist, jedoch mit Oleocanthal und Oleoropein zwei Antioxidantien enthält. Kaltgepresste Olivenöle, die gefiltert wurden, können Sie auch für die warme Küche verwenden. Schauen Sie auf das Etikett der Flasche: Hier ist vermerkt, wenn das Öl nur für die kalte Küche geeignet ist.

Öle enthalten die fettlöslichen Vitamine E und A (Vorstufe ß-Carotin). Leinöl ist der beste Lieferant von Omega-3-Fettsäuren, gefolgt von Kürbiskernöl. Beide Öle dürfen gerne zur Demenz-Prävention eingesetzt werden, aber da die Umwandlung in DHA und EPA vermutlich limitiert ist, hat die höhere Dosis wahrscheinlich keinen Vorteil gegenüber Rapsöl.

Auch Butter, insbesondere von Kühen aus Weidehaltung, enthält Omega-3-Fettsäuren, aber im

Fettmuster von Nüssen und Samen in Gramm (g)

	Gesamtfett	Omega-3-Fettsäuren	Omega-6-Fettsäuren	Mehrfach ungesättigte Fettsäuren	Gesättigte Fettsäuren	Einfach ungesättigte Fettsäuren
30 g Mandeln	15,9	0,012	3,08	3,1	1,22	9,15
30 g Cashewnüsse	14,1	0,024	2,56	2,59	2,78	8,65
30 g Haselnüsse	19	0,017	1,9	1,9	1,6	15,2
30 g Macadamianüsse	21,9	0,293	0,522	0,815	3,16	17,2
30 g Pinienkerne	15,2	0,189	6,63	6,82	1,83	5,89
30 g Pistazien	15,5	0,058	2,22	2,28	1,84	10,4
30 g Walnüsse	21,2	3,02	12,5	15,5	1,95	3,5
30 g Leinsamen	11	6,05	1,64	7,69	1,09	2,17
30 g Sesam	15,1	0,201	5,61	5,81	2,29	6,03

Quelle: DGExpert, BLS

Vergleich zu Rapsöl nur in geringen Mengen. Da Fett den höchsten Kalorienwert hat und wir nicht unbegrenzt Energie aufnehmen sollten, sollten Sie das Streichfett zugunsten von Öl auf 1–2 Teelöffel am Tag begrenzen.

Nüsse und Samen

Unter den Nüssen und Samen zählen Walnüsse, Macadamianüsse und Leinsamen zu den besonders gehirngesunden Lebensmitteln. Da Nüsse durch ihren hohen Fettgehalt sehr kalorienreich sind, lautet die Empfehlung, nicht mehr als 30 g Nüsse täglich zu essen.

Milch und Milchprodukte

Milch und Milchprodukte sind vor allem die wichtigsten Kalziumquellen unter den Lebensmitteln, doch liefern sie ebenso wie Fleisch, Fisch und Eier auch Vitamin B_6 und B_{12}, die für einen niedrigen Homocysteinspiegel sorgen. Daher sollte täglich Käse, Quark oder Joghurt auf Ihrem Speiseplan stehen. Morgens zum Müsli einen Becher Joghurt oder Milch und abends eine Scheibe Käse aufs Brot unterstützen die Versorgung mit den Vitaminen B_6 und B_{12}.

Eier

Eier haben aufgrund ihres hohen Cholesterinwertes immer noch einen schlechten Ruf. Das ist unbegründet, da das Nahrungscholesterin eine nur untergeordnete Rolle für die Cholesterinwerte im Blut spielt. Eier enthalten die fettlöslichen Vitamine A, D und E in bedeutenden Mengen sowie die wasserlöslichen Vitamine des B-Komplexes B_2, B_6, B_{12}, Biotin, Niacin und Folsäure. Außerdem enthalten Eier viel Lecithin, das der Körper leicht zu Cholin (Seite 13) umbauen kann.

Fisch

Vor allem Kaltwasserfische, z. B. Lachs, Hering, Makrele, Sardelle und Thunfisch, enthalten besonders viele Omega-3-Fettsäuren.

Omega-3-Fettsäuren in Fisch

Fisch pro 100 g	EPA in mg	DHA in mg
Hering (Ostsee)	700	1200
Thunfisch	1400	1200
Lachs	700	1900
Makrele	600	1100
Sardine	600	800
Kabeljau/Dorsch	100	200
Schellfisch	60	140
Forelle	100	500

Es handelt sich hier um Durchschnittswerte, die natürlichen Schwankungen unterliegen und davon abhängen, wo der Fisch gefangen wurde.
Quelle: Souci, Fachmann, Kraut: Die Zusammensetzung der Lebensmittel – Nährwert-Tabellen. 7. revidierte und ergänzte Aufl., Wiss. Verlagsgesellschaft, Stuttgart 2008.

Speziell Eicosapentaensäure(EPA) und Docosahexaensäure (DHA) kann unser Gehirn ohne Umwege direkt nutzen. Ihnen wird eine besondere Schutzwirkung gegen Demenz zugeschrieben. Sie hemmen außerdem die Verklumpung der Blutplättchen und senken die Triglyceride, was beides zusätzlich das vaskuläre (Blutgefäße betreffende) Risiko und damit indirekt die Demenz senkt.

Magerfische, z. B. Kabeljau, Seelachs, Rotbarsch und Scholle haben extrem wenig Fett und damit auch weniger Omega-3-Fettsäuren.

Wenn Sie zweimal die Woche Fisch essen, schützen Sie Ihr Gehirn vor Demenz. Wenn Sie bisher selten Fisch gegessen haben, versuchen Sie, ihn einmal die Woche einzuplanen. Bedenken Sie auch, dass ein Brot mit geräuchertem Lachs oder mariniertem Hering den Schinken oder die Wurst ersetzen kann. Das zählt ebenfalls als eine Portion.

Fleisch und Wurst

Bei Fleisch sollten Sie Geflügel dem roten Fleisch vorziehen. Zu diesem Ergebnis kommen alle Studien. Beim Betrachten von Ernährungserhebungsprotokollen in Studien allgemein fällt aber auf, dass Wurstwaren nicht gesondert interpretiert werden und zum roten, nicht zum weißen Fleisch dazugezählt werden. Dadurch entsteht in meinem ernährungswissenschaftlichen Verständnis eine Verzerrung. Ganz klar würde ich sagen, dass Wurstwaren – insbesondere in Deutschland – weiter im Konsum eingeschränkt werden müssten. Ferner ist eine Geflügelwurst, deren Marktanteil im Moment noch klein ist, keine gesunde Alternative. Wenn Sie das Kleingedruckte lesen, stellen Sie fest, dass Geflügelwurst meist auch Schweinefleisch enthält.

Zusammenfassend erschließt sich aus verschiedenen Studien, dass rotes Fleisch in Form von Wurst uns nicht vor einer Demenz schützt. Muskelfleisch von Huhn und Pute wird dagegen positiv gesehen, wenn seine Menge gering bleibt und es nicht als panierte Chicken Nuggets konsumiert wird, die dann auch nicht besser sind als ein paniertes Schnitzel, Cordon bleu oder Kotelett.

Bio- und Umweltsiegel bei Fisch

Mehr Fisch essen und Meldungen über zurückgehende Fischbestände und antibiotikaverseuchte Zuchtfische – wie geht das zusammen? Eine gute Möglichkeit ist, beim Kauf von Fisch und Fischprodukten auf Bio- und Umweltsiegel zu achten. Wenn Sie Fisch z. B. mit dem blauen Umweltsiegel des MSC (Marine Stewardship Council) kaufen, unterstützen Sie nachhaltige Fischerei. Bei Zuchtfischen sollten Sie auf die Siegel von Bioland und Naturland sowie ASC (Aquaculture Stewardship Council) achten, damit haben Sie eine Garantie für die Verwendung gentechnikfreier Futtermittel. Wenn ein Siegel zur Orientierung fehlt, finden Sie Hilfestellungen in Einkaufsratgebern von Greenpeace (www.greenpeace.de/fischerei) und WWF (www.wwf.de/fischratgeber). Übrigens: die »Deutsche See«, Marktführer in Deutschland, gewann 2010 Platz 1 in der Kategorie »Deutschlands nachhaltigste Unternehmen«. Sie beliefert Edeka, Rewe, teegut und andere Frischfischtheken.

Süßigkeiten

Auf die herkömmlichen Süßigkeiten sollten Sie weitestgehend verzichten. Ihr hoher Kalorien-, Zucker- und Fettgehalt und das Fehlen von Antioxidantien und Vitaminen bringen dem Körper nur leere Kalorien und führen im schlimmsten Fall zu einer unerwünschten Gewichtszunahme.

Dunkle Schokolade stellt allerdings eine Ausnahme dar. Sparsam gegessen – nicht mehr als 2–3 Stückchen bis hin zu einem Rippchen am Tag – hat sie einen Gesundheitswert, denn sie versorgt uns ähnlich wie Rotwein, Kaffee und Tee mit Polyphenolen. Eine andere gesunde Alternative zum Süßkram sind ungesalzene Nüsse, denn diese enthalten neben Polyphenolen auch hirngesunde Fette.

An der Columbia University in New York überprüfte Scott Small, in wieweit sich die Gedächtnisleistung von Personen im Alter von 50–67 Jahren durch den Konsum von Schokolade verbessern lässt. In einer Doppelblindstudie verabreichte er täglich 50 g dunkle Schokolade (entspricht 900 mg Flavonoide). Nach 3 Monaten überprüfte er die Gedächtnisleistung seiner Teilnehmer erneut und stellte fest, dass die Gedächtnisleistung einer 20 Jahre jüngeren Person entsprach.

Die 10 besten Ernährungstipps gegen das Vergessen

1. Kochen Sie möglichst bis ins hohe Alter für sich selbst, auch wenn es mühsam wird. Sorgen Sie für Abwechslung und probieren Sie auch immer mal wieder etwas Neues aus.
2. »Verlieben« Sie sich in die Farbe Grün. Denn täglich einmal grünes Obst oder grünes Gemüse zu essen, schützt uns vor einer Demenz. Essen Sie ansonsten täglich Gemüse und Obst, denn sie versorgen uns mit Polyphenolen und halten unser Gehirn gesund.
3. Rapsöl und Olivenöl gehören zu Ihren Favoriten? Super! »Ölwechsel« zu Leinsamen- oder auch Walnussöl in der kalten Küche sind erwünscht. So sind Sie gut mit pflanzlichen Omega-3-Fettsäuren versorgt.
4. Vollkornbrot, -reis und -nudeln liefern nicht nur Stärke und damit Energie, sondern auch Ballaststoffe, B-Vitamine und Mineralstoffe. Auch wenn es schwerfällt, geben Sie sich einen Ruck und fangen Sie an, Weißmehlprodukte gegen Vollkornprodukte auszutauschen.
5. Bohnen, Erbsen und Linsen feiern gerade ihr Comeback in unseren Küchen. Lassen Sie sich begeistern und probieren Sie Klassiker wie Eintöpfe, aber gern auch Dips und Salate mit Hülsenfrüchten. Damit schenken Sie Ihrem Körper viele B-Vitamine, Polyphenole und Mineralstoffe.
6. Schokolade und Nüsse schmecken so gut und sind auch noch »hirngesund«. Klasse! Doch Vorsicht. Beides hat zwischen 30 und 50% Fett. Eine dauerhaft positive Energiebilanz führt leider zur Gewichtszunahme. Übergewicht ist heute ein eindeutiger Risikofaktor für Herz-Kreislauf-Erkrankungen und einige Krebsarten. Daher werden auch nur wenig Schokolade und Nüsse empfohlen.
7. Essen Sie weniger Fleisch in Form von Wurst und bevorzugen Sie lieber Geflügel in Form von Putenschnitzel, Hähnchenbrust oder -schlegel. Dazu sind zwei Fischmahlzeiten pro Woche ideal. So sind Sie gut mit tierischen Omega-3-Fettsäuren versorgt.
8. Milchprodukte und Käse sind nicht nur wichtige Kalziumlieferanten, sondern auch reich an Vitamin B. Der regelmäßige Verzehr schützt nicht nur Ihre Knochen, sondern hält auch Ihr Gedächtnis topfit.
9. Eier verlieren den Status des Ungesunden. Sie haben nämlich neben viel Cholin auch B-Vitamine, und beides braucht unser Gehirn.
10. Bohnenkaffee, schwarzer und grüner Tee sind gesund für Sie. Super! Täglich drei Tassen sind ausreichend. Das schaffen Sie spielend und versorgen so Ihren Körper mit Polyphenolen.

Zum Frühstück gibt es ein Müsli aus Vollkorngetreideflocken, Joghurt und einem Stück Obst, z. B. das Beeren-Müsli (Seite 45). Ein Vollkornbrot mit Butter, Käse und dazu ein Apfel enthalten einen ähnlichen Nährstoffmix und sind auch okay. Der Becher Tee oder Kaffee ist gewünscht, denn er enthält Polyphenole.

Optimal essen gegen das Vergessen

Nicht jeder Tag kann perfekt sein, doch stelle ich Ihnen einen Mustertag vor, damit auch Sie die perfekten Tage anstreben. Dabei gehe ich davon aus, dass Sie zumindest drei Hauptmahlzeiten einnehmen und vielleicht auch noch zwei Zwischenmahlzeiten. Falls Letzteres nicht stattfindet, essen Sie diese zu den Hauptmahlzeiten dazu.

An diesem Mustertag sollten Sie kochen. Aber Sie können natürlich auch Dosensuppen und -eintöpfe sowie fertigen Salat essen. Das ist auf jeden Fall besser als nur amerikanisches Fastfood, Döner und Kaffeestückchen aus der Bäckerei. Doch der Vitamingehalt liegt bei Dosenessen deutlich unter dem selbst zubereiteter Gerichte und genau um die Vitamine und vitaminähnlichen Stoffe geht es uns, wenn wir uns vor einer Demenz schützen wollen. Deshalb: Probieren Sie es einfach einmal aus mit dem Kochen!

Zwischendurch essen Sie etwa 20 g bis max. 30 g Nüsse. Walnüsse und Macadamianüsse sind die besten Omega-3-Fettsäuren-Lieferanten. Wenn es um eine super Selenversorgung geht, dann haben Paranüsse die Nase vorn. Bitte bedenken Sie, dass Nüsse eine Zwischenmahlzeit sind. Auch einen Apfel oder zwei Mandarinen dürfen Sie als komplette Zwischenmahlzeit zählen.

Als Mittagessen schlage ich an diesem Mustertag Hähnchen »Asia« (Seite 100) vor. Die Hähnchenbrust liefert Ihnen B-Vitamine und schützt Sie so vor einem zu hohen Homocysteinspiegel. Vollkornreis versorgt Sie mit Polyphenolen (im Gegensatz zu geschältem Reis). Das Gemüse (Zucchini, Aubergine, Paprika, Tomate) ist reich an Vitamin C, ß-Carotin und anderen Phenolen. Wird das Ganze mit Rapsöl zubereitet, enthält das Gericht viel Alpha-Linolensäure. Alternativ dürfte es auch Fisch und grünes Gemüse wie Spinat oder Brokkoli geben, z. B. Lachs mit Spinatsauce (Seite 97). Aber auch der Abend bietet noch Gelegenheit, das Gemüse aufzufüllen.

Nachmittags gibt es nicht unbedingt Kuchen, sondern eher ein Stückchen dunkle Schokolade – damit Sie gut mit Polyphenolen versorgt sind. Dunkle Schokolade ist nämlich eine gute Alternative zu Wein. Dazu gibt es ein Stück Obst mit oder ohne Quark oder Joghurt.

Abends dürfen Sie dann 100 ml Wein, am besten Rotwein, trinken. Ein Vollkornbrot mit geräuchertem Lachs tut gut und schmeckt gut. Dazu gibt es einen Salat, z. B. einen leckeren Gurkensalat oder einen Eisbergsalat mit Senf-Honig-Dressing. Wer dafür keine Power mehr hat, isst ein paar Essiggurken, Oliven oder auch Kapern.

Testen Sie sich selbst!

Mithilfe der folgenden Checkliste können Sie Ihr Essverhalten selbst überprüfen. Bitte verzweifeln Sie nicht, wenn Sie am Ende eines Tages oder einer Woche feststellen, dass Sie es nicht perfekt geschafft haben. Niemand kann wie auf Knopfdruck seine Ernährung auf Dauer und für immer umstellen. Das braucht Zeit und auch Geduld mit sich selbst. Doch wenn Sie langsam und achtsam Ihren Essensstil ändern möchten, werden Sie es mit Hilfe dieses Buches und mit der Checkliste als Kontrolle schaffen.

Für jede Lebensmittelgruppe im grünen Bereich, die Sie gegessen haben, geben Sie sich einen Haken. Das heißt: Bei Gemüse, Obst und Milchprodukten geben Sie sich für jede gegessene Portion einen Haken und sollten dort am Tag drei Haken bei Gemüse und je zwei bei Obst und Milchprodukten sammeln. Bei allen anderen Rubriken gibt es einen Haken, wenn Sie die Vorgabe erfüllen, z. B. bei 1–2 EL Olivenöl/ Rapsöl pro Tag oder 20 bis 30 g Nüsse pro Tag geben Sie sich je einen Haken. Wenn Sie alles richtig machen, haben Sie insgesamt 154 Punkte im positiven Bereich.

Für die beiden roten Bereiche gilt Vorsicht. Es sollten pro Lebensmittelgruppe nicht mehr als zwei bis drei Haken pro Woche gesetzt werden müssen.

Auswertung

Sicherlich möchten Sie wissen, welches Essverhalten noch im grünen Bereich ist und was überhaupt nicht zu akzeptieren ist, will man sich vor einer Demenz schützen.

95–129 grüne Haken: perfekt bis nahezu perfekt Achtung: Davon sollten mindestens 17 Haken beim Gemüse und 10 beim Obst stehen, 5 Haken mindestens beim Öl und mindestens 1 Haken beim Fisch. Die restlichen Haken sollten gut über die Lebensmittelgruppen verteilt sein, dann haben Sie abwechslungsreich gegessen.

Wenn Sie 154 grüne Haken in der Woche sammeln und die roten Haken nur bei etwa sechs liegen, sind Sie in Bezug auf Ihre Ernährung perfekt vor einer Demenz geschützt, und zwar in dem Sinne, dass Sie das Krankheitsbild hinausschieben. Jeder Forscher gibt da einen anderen Wert an, aber im optimistischen Durchschnitt schieben Sie eine Demenz um sieben Jahre hinaus. Auch wenn Sie im Laufe der nächsten Wochen zwischen 70 und 105 grünen Haken sammeln, gehören Sie zu der Gruppe, die ihr Demenzrisiko deutlich niedriger hält als die Mehrzahl der Menschen. Sie schaffen sich so über die Ernährung einen guten Demenzschutz.

55–99 grünen Haken: unentschlossen Achtung: Davon sollten mindestens 14 Haken beim Gemüse und 10 beim Obst stehen, vier Haken mindestens beim Öl.

Wenn Sie dauerhaft nur 50–94 grüne Haken sammeln, sind sich die Wissenschaftler uneinig, ob Ihre sicherlich guten Bemühungen ausreichen, das Demenzrisiko zu senken. Versuchen Sie, sich zu motivieren, und ändern Sie in Ihrem Essverhalten Schritt für Schritt etwas zum Positiven. Das geht durch ein bisschen Achtsamkeit und durch positives Denken viel einfacher, als es auf den ersten Blick erscheint. Probieren Sie es aus.

Weniger als 49 grüne Haken: Stellen Sie Ihr Essverhalten um! Hier herrscht Einigkeit unter den Wissenschaftlern der unterschiedlichen Fachbereiche: Sie sollten Ihr Essverhalten grundsätzlich ändern, wenn Sie gesund alt werden möchten. Nicht nur um Ihr Demenzrisiko zu minimieren, sondern auch um Ihr Risiko für Krebs und Herz-Kreislauf-Erkrankungen kleinzuhalten.

Der Wochenplan

Der Anspruch, perfekt zu sein, birgt viele Risiken. Wenn Sie sich vornehmen, alle Essensregeln zu 100% einzuhalten, führt das eher zu Frust als zum Erfolg. Verstehen Sie deshalb dieses Buch bitte nicht so, dass Sie Ihre Ernährung perfekt nach der Checkliste (Seite 40) organisieren müssen. Sie dürfen auch gerne mal Fünfe gerade sein lassen. Es wird Tage geben, da haben Sie Ihr Essen gut geplant, und doch schaffen Sie es nicht, alles richtig zu machen. Auch wenn Sie sich bei 80% der Mahlzeiten in der Woche an die Checkliste gehalten haben, haben Sie Ihr Demenzrisiko gesenkt. Wenn Sie zum Essen eingeladen werden, sollten Sie das genießen, denn Sie müssen nicht selbst kochen. Ist Ihr Lieblingsgericht z. B. Ente oder Gans, dürfen Sie das auch gern hin und wieder essen, z. B. einmal im Monat.

Bedenklicher ist, wenn Sie ein echter Obst- und Gemüsemuffel sind, dann fehlen Ihnen nämlich Polyphenole, Vitamin C, Vitamin B_6 und Folsäure. Für eine gute Versorgung mit Omega-3-Fettsäuren sollten Sie darauf achten, dass Sie Lachs, Hering, Makrele, Sardelle und Thunfisch essen. Wenn Sie keinen Fisch mögen, sollten Sie Rapsöl und Walnüsse bevorzugen, die Sie ebenfalls mit Omega-3-Fettsäuren versorgen.

Wochenplan – Sie müssen nicht perfekt sein, aber so könnte er z. B. aussehen:

	Montag	Dienstag	Mittwoch	Donnerstag	Freitag	Samstag	Sonntag
Frühstück	Mandel-Porridge mit Himbeeren (Seite 46)	Bircher-Müsli (Seite 46)	Mandel-Porridge mit Himbeeren (Seite 46)	Bananen-Flocken-Müsli (Seite 46)	Himbeer-Haferflocken-Müsli (Seite 45)	Smoothie	Rührei mit Vollkornbrot
Zwischenmahlzeit	1 Apfel	30 g Walnüsse	1 Riegel dunkle Schokolade	1 Scheibe Vollkornbrot mit Butter, Schnittkäse u. Gurkenscheiben	1 Banane	Vollkornbrötchen mit Butter u. Hähnchenbrust	–
Mittag	Lachs im Zucchinibett (Seite 95)	Orientalischer Kichererbseneintopf (Seite 82)	Kartoffel-Brokkoli-Tortilla (Seite 60)	Überbackener Fenchel mit Lachs (Seite 93)	Tomaten-Bohnen-Salat (Seite 71) mit Vollkornbrot	Wirsing-Gnocchi-Eintopf (Seite 86)	Gänsebrust mit Walnüssen (Seite 101)
Zwischenmahlzeit	1 Becher Naturjoghurt mit Zimt u. Zucker bestreut	1 Mandelküchlein (Seite 110)	1 Birne	30 g Walnüsse	2 Kugeln Eis	2–3 Kekse	1 Riegel Schokolade
Abendbrot	Vollkornbrot mit Walnuss-Chili-Paste (Seite 55) u. 2 Tomaten	Vollkornbrot mit Butter und Maronen-Zwiebel-Aufstrich (Seite 55) u. 1 Apfel	Vollkornbrot mit Butter u. Käse u. 1 Pfirsich	Vollkornbrot mit veganer Leberwurst (Seite 55) u. 1 Stück Melone	Matjesfilet auf Pumpernickel	Eingeladen – und einfach genießen	Möhren-Kürbis-Suppe (Seite 63) u. Vollkornbrot

Checkliste: Richtig essen für ein fittes Gehirn

Lebensmittel	Montag	Dienstag	Mittwoch	Donnerstag	Freitag	Samstag	Sonntag
Wasser: 1–1,5 l/Tag	☐	☐	☐	☐	☐	☐	☐
Rotwein: 100 ml/Tag	☐	☐	☐	☐	☐	☐	☐
Kaffee, schwarzer und grüner Tee: maximal 3 Tassen/Tag	☐	☐	☐	☐	☐	☐	☐
Hülsenfrüchte: 3 Portionen/Woche	☐	☐	☐	☐	☐	☐	☐
Obst nach Saison: 2 Portionen/Tag	☐ ☐	☐ ☐	☐ ☐	☐ ☐	☐ ☐	☐ ☐	☐ ☐
Gemüse: 3 Portionen/Tag	☐ ☐ ☐	☐ ☐ ☐	☐ ☐ ☐	☐ ☐ ☐	☐ ☐ ☐	☐ ☐ ☐	☐ ☐ ☐
davon 5 x eine grüne Portion/Woche	☐	☐	☐	☐	☐	☐	☐
Vollkornprodukte, Kartoffeln, Getreide: 3 Portionen/Tag	☐ ☐ ☐	☐ ☐ ☐	☐ ☐ ☐	☐ ☐ ☐	☐ ☐ ☐	☐ ☐ ☐	☐ ☐ ☐
Eier: 2–3 Eier/Woche	☐	☐	☐	☐	☐	☐	☐

Lebensmittel	Montag	Dienstag	Mittwoch	Donnerstag	Freitag	Samstag	Sonntag
Butter: 1–2 TL/Tag	☐	☐	☐	☐	☐	☐	☐
Milchprodukte: 2 Portionen/Tag, z. B. 1 Becher Naturjoghurt (150 g) u. 1 Scheibe Käse (30 g)	☐ ☐	☐ ☐	☐ ☐	☐ ☐	☐ ☐	☐ ☐	☐ ☐
dunkle Schokolade: 2 x maximal 20 g/Woche	☐	☐	☐	☐	☐	☐	☐
Wal-, Macadamianüsse: 5 x maximal 30 g/Woche	☐	☐	☐	☐	☐	☐	☐
Olivenöl und/oder Rapsöl: 1–2 EL/Tag	☐	☐	☐	☐	☐	☐	☐
Fisch: 2 Portionen/Woche	☐	☐	☐	☐	☐	☐	☐
Geflügel: 2–3 Portionen/Woche	☐	☐	☐	☐	☐	☐	☐
1 vegetarischer Tag/Woche	☐	☐	☐	☐	☐	☐	☐
Weniger geeignet:							
Wurstwaren, rotes Fleisch: in kleinen Mengen	☐	☐	☐	☐	☐	☐	☐
Süßigkeiten, Frittiertes: selten	☐	☐	☐	☐	☐	☐	☐

Rezepte gegen Demenz

Gesund essen und damit einer Demenz vorbeugen ist gar nicht schwer. Dank meiner leckeren Rezepte mit viel Gemüse bekommen Sie genug Vitamine und Nährstoffe, um noch lange geistig fit zu bleiben. Probieren Sie es einfach aus!

FRÜHSTÜCK

Reich an Zink und Polyphenolen

Himbeer-Haferflocken-Müsli

preisgünstig
Für 2 Personen
10 Min.

150 g Himbeeren • 200 g fettarmer Naturjoghurt • 8 EL Haferflocken • 1 EL Haferkleie • 1 TL Flohsamen • 100 ml frisch gepresster Orangensaft

- Himbeeren verlesen.
- Mit Joghurt, Haferflocken, Haferkleie, Flohsamen und Orangensaft vermischen.
- Auf 2 Schüsseln verteilen und genießen.

Nährwerte pro Portion:
255 kcal • 11 g E • 5 g F • 39 g KH • 128 mg Ω-3-FS • 3 g Ba

Abkürzungen für die Nährstoffe in den Rezepten:

kcal Kilokalorien
E Eiweiß
F Fett
KH Kohlenhydrate
Ω-3-FS Omega-3-Fettsäuren
Ba Ballaststoffe

Reich an Vitamin B_{12} und Vitamin C

Bircher-Müsli

preisgünstig
Für 2 Personen
10 Min.

6–8 EL Haferflocken • 200 g Naturjoghurt • 1–2 Äpfel • 3 EL Milch, 1,5 % Fett • 1 TL Honig • 2 TL gehobelte Haselnüsse • 1 TL Rosinen

- Haferflocken mit Joghurt vermengen.
- Apfel waschen, trocken reiben und in Viertel schneiden, das Kerngehäuse entfernen. Apfelstücke mit Schale auf einer Gemüseraspel reiben.
- Apfelraspel zusammen mit Milch und Honig, Haselnüssen und Rosinen unter die Haferflocken mengen. Auf 2 Schüsseln verteilen.

Nährwerte pro Portion:
330 kcal • 10 g E • 10 g F • 50 g KH • 91 mg Ω-3-FS • 2,2 g Ba

Reich an Vitamin B_6 und Polyphenolen

Bananen-Flocken-Müsli

preisgünstig
Für 2 Personen
10 Min.

1 Banane • 250 g fettarmer Naturjoghurt • 6 EL Getreideflocken (z.B. Gersten- und Haferflocken) • 1 TL Chiasamen • 1 TL Honig

- Banane schälen und in Scheiben schneiden.
- Bananenscheiben mit Joghurt, Getreideflocken, Chiasamen und Honig mischen. Auf zwei Schüsseln verteilen.

Nährwerte pro Portion:
230 kcal • 10 g E • 5 g F • 38 g KH • 47 mg Ω-3-FS • 1,9 g Ba

Reich an Vitamin C und Polyphenolen

Mandel-Porridge mit Himbeeren

gelingt leicht
Für 2 Personen
10 Min.

300 ml Mandeldrink • 6 EL Haferflocken (blütenzart) • 200 g TK-Himbeeren (aufgetaut) • 2 EL Honig • 2 EL gehackte Mandeln

- Den Mandeldrink mit den Haferflocken langsam aufkochen. Unter ständigem Rühren bei kleiner Hitze 3–4 Min. kochen, bis der Porridge andickt.
- Die aufgetauten TK-Himbeeren unterrühren.
- Den fertigen Porridge mit dem Honig und den gehackten Mandeln bestreuen.

Nährwerte pro Portion:
245 kcal • 8 g E • 9 g F • 31 g KH • 86 mg Ω-3-FS • 2,9 g Ba

Reich an Vitamin C und Selen

Erdbeer-Smoothie

gelingt leicht
Für 3 Personen
5 Min.

500 g Erdbeeren • 500 ml Mandelmilch • 3 EL Vanillezucker

- Erdbeeren waschen, trocken tupfen und putzen.
- Mit Mandelmilch und Vanillezucker in einen Mixer geben und fein pürieren.
- Sofort in Gläser füllen und mit Trinkhalmen servieren.

Nährwerte pro Portion:
115 kcal • 2 g E • 3 g F • 19 g KH • 168 mg Ω-3-FS • 3,3 g Ba

Tipp Sie können außerhalb der Erdbeersaison auch tiefgekühlte Erdbeeren verwenden. Lassen Sie die Erdbeeren dann 20 Min. antauen und Sie haben einen geeisten Shake.

Reich an Polyphenolen und Vitamin B_{12}

Heidelbeer-Smoothie

gelingt leicht
Für 2 Personen
10 Min.

250 g Heidelbeeren • 3 Kardamomkapseln • 30 g Haselnussmus (Bioladen) • 1 EL Honig • 300 g Joghurt, 1,5 % Fett

- Heidelbeeren verlesen und waschen. Kardamomkapseln aufbrechen, die Samen im Mörser zerstoßen.
- Beeren, Kardamom, Haselnussmus, Honig und Joghurt pürieren. Auf 2 Gläser verteilen.

Nährwerte pro Portion:
235 kcal • 9 g E • 13 g F • 19 g KH • 218 mg Ω-3-FS • 7,3 g Ba

Reich an Vitamin C und Polyphenolen

Johannisbeer-Smoothie

gelingt leicht
Für 3 Personen
10 Min.

200 g rote Johannisbeeren • 1 Banane • 500 ml Kokosmilch

- Johannisbeeren waschen, trocken tupfen und die Beeren von den Stiele zupfen. Banane schälen.
- Alles in ein hohes Gefäß oder in einen Mixer geben und pürieren.

Nährwerte pro Portion:
195 kcal • 3 g E • 13 g F • 15 g KH • 34 mg Ω-3-FS • 6,1 g Ba

Tipp Wem der Smoothie nicht süß genug ist, gibt ein wenig Honig oder Zucker hinzu.

Reich an Folsäure und Vitamin C

Grüner-Fenchel-Smoothie

gelingt leicht
Für 4 Personen
15 Min.

1 Apfel • ½ Papaya • 1 Orange • 1 Fenchelknolle mit Grün • 1 Handvoll Spinat (100 g) • 300 ml Wasser

- Apfel waschen und achteln. Kerngehäuse belassen, Stiel und Blütenansätze entfernen. Papaya entkernen, schälen und in Stücke schneiden. Orange schälen und zerkleinern. Alle Früchte in den Mixer füllen.

- Fenchel waschen, vom Strunk und schlechten Stellen befreien, in Stücke schneiden. Spinat waschen und alles in den Mixer geben. Das Wasser hinzufügen. Auf kleinster Stufe starten, dann alles auf höchster Stufe cremig pürieren.

- Konsistenz und Geschmack prüfen. Nach Belieben etwas Wasser hinzugeben und erneut kurz mixen. Smoothie in Gläser füllen.

Nährwerte pro Portion:
75 kcal • 2 g E • 0 g F • 15 g KH • 72 mg Ω-3-FS • 4,2 g Ba

Reich an Polyphenolen und Vitamin B_{12}

Himbeer-Pfirsich-Milchshake

gut vorzubereiten
Für 8 Gläser
20 Min.

250 g TK-Himbeeren • Saft von 2 Orangen • 300 ml Vollmilchjoghurt • 200 ml Vollmilch • flüssiger Honig zum Süßen • 1 kleine Dose Pfirsichhälften (ungesüßt; Abtropfgewicht: 250 g) • 500 ml Buttermilch • 1 Prise gemahlener Zimt

- Himbeeren auftauen. Mit Orangensaft pürieren. Joghurt, Milch und Honig einrühren und abschmecken. Zugedeckt kalt stellen.

- Pfirsiche abtropfen lassen, Saft dabei auffangen. Pfirsiche pürieren, Buttermilch unterrühren. Mit Zimt, Honig und evtl. Pfirsichsaft abschmecken. Zugedeckt kalt stellen.

- Vor dem Servieren erst den Himbeer-Shake auf Gläser verteilen, darauf den Pfirsich-Shake gießen. Leicht umrühren, sodass eine Marmorierung entsteht. Mit Strohhalm servieren.

Nährwerte pro Glas:
115 kcal • 5 g E • 3 g F • 16 g KH • 59 mg Ω-3-FS • 4,2 g Ba

Reich an Vitamin E und Polyphenolen

Roggenbrot mit Rote-Bete-Aufstrich

gelingt leicht
Für 4 Personen
20 Min.

200 g gekochte Rote Bete • 50 g Walnüsse • 15 g krause Petersilie • 2 EL Rapsöl • 1 EL Apfelessig • Jodsalz • schwarzer Pfeffer • 4 Scheiben Roggenvollkornbrot

- Die Rote Bete in Stücken in einen Mixbecher geben. Die Walnüsse ohne Zugabe von Fett in einer beschichteten Pfanne anrösten, danach zur Roten Bete geben.

- Petersilie waschen und die Blätter von den Stielen zupfen. Mit Rapsöl, Apfelessig, Salz und Pfeffer in den Mixbecher geben und zu einer homogenen Masse pürieren. Mit Salz und Pfeffer abschmecken.

- Den Aufstrich aufs Roggenvollkornbrot schmieren. Mit etwas fein gehackter Petersilie bestreuen.

Nährwerte pro Portion:
255 kcal • 7 g E • 15 g F • 24 g KH • 1750 mg Ω-3-FS • 6 g Ba

Himbeer-Pfirsich-Milchshake »

Reich an Zink und Cholin

American Breakfast-Cookies

gelingt leicht

Für 12 Stück

20 Min. + 15 Min Backzeit

250 g Mehl, Type 1050 • 75 g Haferflocken • 1 TL Natron • 1 TL Backpulver • ¼ TL Salz • 60 g Cornflakes • 200 g Honig • 1 Päck. Vanillezucker • 200 g Butter • 2 Eier • 100 g gehackte Walnüsse

- Mehl, Haferflocken, Natron, Backpulver und Salz vermischen. Cornflakes mit dem Handballen leicht zerdrücken. Den Backofen auf 180 °C vorheizen.

- Honig, Vanillezucker, Butter und Eier schaumig schlagen. Mehlmischung unterrühren und zum Schluss Cornflakes und Walnüsse unterheben.

- Ein Blech mit Backpapier belegen und mit Hilfe von 2 Esslöffeln große flache Häufchen auf das Backpapier drücken. Die Cookies etwa 15 Min. auf der mittleren Schiene backen.

Nährwerte pro Stück:

365 kcal • 6 g E • 22 g F • 36 g KH • 954 mg Ω-3-FS • 2,3 g Ba

Reich an Cholin und Polyphenolen

Pancakes mit Apfel

preisgünstig

Für 10 Stück

20 Min. + 20 Min. Quellzeit

150 g Dinkelmehl, Type 550 • 60 g blütenzarte Haferflocken • 1 TL Backpulver • 220 ml Milch • 1 Ei • 1 Apfel • 2 EL Rapsöl • 2 EL Butter • Zimt und Zucker, Honig oder Ahornsirup zum Süßen

- Dinkelmehl mit Haferflocken, Backpulver, Milch und Ei in einer Schüssel verrühren und ca. 20 Min. quellen lassen.

- Apfel waschen, vierteln und vom Kerngehäuse befreien. Raspeln und sofort unter die Pfannkuchenmasse geben.

- In einer beschichteten Pfanne eine Mischung aus Öl und Butter geben und die Pfannkuchen in 2 Partien backen.

- Mit Zimt und Zucker bestreuen oder mit Honig oder Ahornsirup bestreichen und so süßen.

Nährwerte pro Stück:

140 kcal • 4 g E • 6 g F • 18 g KH • 205 mg Ω-3-FS • 2,1 g Ba

Reich an Cholin und Zink

Brot mit Ei und Kresse

preisgünstig

Für 2 Personen

15 Min.

2 Eier • 1 Handvoll Kresse • 4 Scheiben Vollkornbrot • 10 g Diätmargarine • 1 EL Senf • schwarzer Pfeffer • Salz

- Eier hart kochen, abkühlen lassen und in Scheiben schneiden. Kresse abspülen und trocken tupfen.

- Diätmargarine auf die Brotscheiben schmieren. Die Eischeiben darauf verteilen. Mit Senf bestreichen. Mit Pfeffer und Salz würzen. Mit der Kresse bestreuen.

Nährwerte pro Portion:

305 kcal • 14 g E • 11 g F • 36 g KH • 305 mg Ω-3-FS • 7,7 g Ba

Brot mit Ei und Kresse »

AUFSTRICHE UND KLEINE GERICHTE

Reich an Vitamin E und Polyphenolen

Guacamole

gut vorzubereiten
Für 6 Personen
20 Min.

3 Strauchtomaten • 1 kleine Zwiebel • 1 rote Chilischote • 6–8 Stängel glatte Petersilie • 2 Avocados • 4 EL Zitronensaft • Salz • schwarzer Pfeffer • Kreuzkümmel

- Tomaten enthäuten, vierteln, entkernen und von den Stielansätzen befreien. Dann in Würfel schneiden.

- Zwiebel abziehen und fein hacken. Chilischote waschen, trocken tupfen, längs halbieren, Kerne und Scheidewände sowie Stängelansätze entfernen. Fruchtfleisch sehr fein würfeln. Petersilie waschen und mit Küchenkrepp trocken tupfen. Blättchen von den Stielen zupfen und mit einem großen Küchenmesser fein hacken.

- Avocados längs rundum einschneiden, bis das Messer auf den Stein stößt. Die Hälften gegeneinander drehen und trennen. Den Stein herauslösen. Fruchtfleisch mit einem Esslöffel aus den Schalen herauslösen. Zitronensaft darüberträufeln und mit einer Gabel zerdrücken.

- Tomaten, Zwiebel, Chilischote und Petersilie unter das Avocadomus drücken. Mit Salz, Pfeffer und Kreuzkümmel würzen.

Das passt dazu: Kartoffelecken, Tortilla-Chips oder Gemüsesticks

Nährwerte pro Portion:
100 kcal • 1 g E • 8 g F • 4 g KH • 85 mg Ω-3-FS • 3,4 g Ba

Reich an Polyphenolen und Vitamin B_6

Auberginen-Tofu-Aufstrich

braucht etwas mehr Zeit
Für 6 Personen
25 Min.

175 g Aubergine • 175 g Räuchertofu • 1 große Zwiebel • 2 Knoblauchzehen • 2 EL Olivenöl • 2 EL Tomatenmark • 1 EL Zitronensaft • Sojasauce • Pfeffer • Kräuter der Provence

- Aubergine und Tofu in ca. ½ cm dicke Scheiben schneiden. Zwiebel vierteln. Knoblauch abziehen und halbieren.

- Alles auf einem Backblech verteilen und im Backofen bei 220 °C bei Grillfunktion auf der obersten Schiene von jeder Seite 5 Min. grillen.

- Alles in eine Schüssel geben. Öl, Tomatenmark und Zitronensaft dazugeben und mit dem Pürierstab fein pürieren. Den Aufstrich mit Sojasauce, Pfeffer und Kräutern der Provence abschmecken.

Das passt dazu: Vollkornbrot

Nährwerte pro Portion:
85 kcal • 6 g E • 5 g F • 3 g KH • 202 mg Ω-3-FS • 1,1 g Ba

Reich an Vitamin C und Vitamin B_6

Kichererbsen-Aufstrich

preisgünstig
Für 6 Personen
15 Min. + 3–6 Std. Durchziehzeit

1 Dose Kichererbsen (265 g) • 3 Knoblauchzehen • Saft von 1 Zitrone • 100 g griechischer Schafsmilchjoghurt • ½ TL gemahlener Kreuzkümmel (Cumin) • edelsüßes Paprikapulver • ½ TL Zucker • Jodsalz • Pfeffer • 1–2 EL Olivenöl

- Kichererbsen in einem Sieb gut abbrausen. Knoblauch abziehen, durchpressen und mit Kichererbsen, Zitronensaft und Joghurt pürieren.

- Mit Kreuzkümmel, Paprika, Zucker, Salz und Pfeffer abschmecken. Zum Schluss das Olivenöl unterrühren und zugedeckt kalt stellen.

Das passt dazu: Vollkornbaguette oder Paprikastreifen

Nährwerte pro Portion:
110 kcal • 4 g E • 5 g F • 11 g KH • 337 mg Ω-3-FS • 1,9 g Ba

Reich an Polyphenolen und Zink

Tomaten-Haselnuss-Pesto

gelingt leicht
Für 4 Personen
20 Min.

12 getrocknete Tomaten • 100 g Haselnüsse • 2 Knoblauchzehen • 4 EL Olivenöl • 1 TL Salz • schwarzer Pfeffer

- Getrocknete Tomaten mit kochendem Wasser übergießen und ca. 15 Min. ziehen lassen.

- Haselnüsse in einer beschichteten Pfanne kurz rösten und im Mixer zerkleinern. Knoblauch abziehen und fein hacken.

- Tomaten aus dem Einweichwasser nehmen und grob würfeln. Mit allen weiteren Zutaten im Mixer oder in der Küchenmaschine zerkleinern, bis eine Paste entsteht. Bei Bedarf noch etwas mehr Öl oder auch das Einweichwasser der Tomaten dazugeben.

Das passt dazu: Vollkornspaghetti oder auch Vollkornbrot

Nährwerte pro Portion:
260 kcal • 4 g E • 26 g F • 3 g KH • 103 mg Ω-3-FS • 5,4 g Ba

Reich an Vitamin E und Vitamin B_{12}

Walnuss-Chili-Paste

gelingt leicht
Für 4 Personen
15 Min.

1 Chilischote • 2 Knoblauchzehen • 50 g Walnüsse • 200 g saure Sahne • ½ TL Salz • 1 TL edelsüßes Paprikapulver

- Chilischote putzen, Kerne gründlich entfernen und Schote grob hacken. Knoblauchzehen abziehen und grob hacken.
- Walnüsse zusammen mit der Chilischote und dem Knoblauch in einen Universalzerkleinerer geben und fein hacken.
- Saure Sahne unterrühren und mit Salz und Paprika abschmecken.

Das passt dazu: Vollkornbrötchen oder Gemüsesticks

Nährwerte pro Portion:
155 kcal • 4 g E • 14 g F • 4 g KH • 1310 mg Ω-3-FS • 0,6 g Ba

Reich an Vitamin C und Polyphenolen

Maronen-Zwiebel-Aufstrich

braucht etwas mehr Zeit
Für 12 Personen
1 Std.

3 rote Zwiebeln • 1 Fenchelknolle • 6 EL Rapsöl • 400 g geschälte und gekochte Maronen (Esskastanien) • 6 EL Rübensirup • 8 EL Apfelessig • 6 EL Marsala • Pfeffer

- Zwiebeln abziehen und in Streifen schneiden. Fenchel waschen. Strunk entfernen und ebenfalls in Streifen schneiden. 2 EL Öl in einem großen Topf erhitzen. Zwiebeln und Fenchel darin dünsten, bis sie sehr weich sind.
- Maronen, Rübensirup, Essig und Marsala dazugeben, kräftig mit Pfeffer würzen und umrühren. Ohne Deckel köcheln lassen, bis der Aufstrich eingedickt ist.
- In saubere Gläser füllen und mit luftdichten Deckeln verschließen. Beschriften und vor der Verwendung völlig abkühlen lassen.

Das passt dazu: Vollkornbrot

Nährwerte pro Portion:
145 kcal • 1 g E • 6 g F • 20 g KH • 452 mg Ω-3-FS • 3,4 g Ba

Reich an Vitamin B_6 und Polyphenolen

Vegane Leberwurst

gelingt leicht
Für 1 Glas
20 Min.

200 g Räuchertofu • 150 g Kidneybohnen (Dose) • 1 Zwiebel • 3 EL Rapsöl • Salz • schwarzer Pfeffer • 1 TL gehackte Petersilie • 2 TL gehackter Majoran

- Tofu in kleine Stücke schneiden. Bohnen in einem Sieb abspülen und abtropfen lassen. Zwiebel schälen und fein würfeln.
- Rapsöl in einer Pfanne erhitzen, Zwiebel darin glasig dünsten, salzen und pfeffern. Petersilie und Majoran kurz mitdünsten. Vom Herd nehmen und abkühlen lassen.
- Alles in einen Mixer geben und cremig pürieren. Nochmals mit Salz und Pfeffer würzen.

Nährwerte pro Glas:
720 kcal • 51 g E • 44 g F • 32 g KH • 4060 mg Ω-3-FS • 5,0 mg Ba

Tipp Die vegane Leberwurst lässt sich ungefähr 1 Woche lang im Kühlschrank aufbewahren.

Reich an Polyphenolen und Vitamin E

Veganes Zwiebelmett

preisgünstig
Für 1 Glas
20 Min.

100 g Reiswaffeln • 300 ml Wasser • 1 Zwiebel • 1 Fleischtomate • 50 g Tomatenmark • 50 ml Olivenöl • 1 TL edelsüßes Paprikapulver • 1 TL Salz • Pfeffer

- Reiswaffeln klein zerbröseln und in eine Schüssel geben. Nach und nach 300 ml kaltes Wasser hinzugeben, sodass sich die Reiswaffeln vollsaugen können.
- Zwiebel schälen und fein würfeln. Tomate häuten und sehr fein würfeln.
- Zwiebel und Tomate mit Tomatenmark, Öl, Paprika, Salz und Pfeffer unter die gequollenen Reiswaffeln rühren. Mit den Händen durchkneten.
- Mett für ein paar Stunden im Kühlschrank durchziehen lassen, damit die Reiswaffeln das Aroma der anderen Zutaten annehmen.

Nährwerte pro Glas:
920 kcal • 12 g E • 53 g F • 97 g KH • 493 mg Ω-3-FS • 8,5 g Ba

Reich an Vitamin B_6 und Polyphenolen

Roggenbrot mit Thunfisch

gelingt leicht
Für 4 Personen
20 Min.

4 Salatblätter (z. B. Lollo Bianco) • 1 Stange Bleichsellerie • 2 cm Ingwer • 1 Lauchzwiebel • 1 Dose Thunfisch im eigenen Saft • 2–3 TL Zitronensaft • Jodsalz • schwarzer Pfeffer • 4 Scheiben Roggenmischbrot • 4 Scheiben oder Spalten Zitrone

- Salatblätter waschen, trocken tupfen und beiseitelegen. Bleichsellerie waschen, trocken tupfen und in kleine Würfel schneiden. Ingwer schälen und fein hacken. Lauchzwiebel waschen, putzen und in sehr feine Ringe schneiden.
- Thunfisch abtropfen lassen. Mit einer Gabel zerpflücken. Sellerie, Ingwer und Lauchzwiebel unterheben. Mit Zitronensaft, Salz und Pfeffer abschmecken.
- Je ein Salatblatt auf eine Brotscheibe legen. Den Thunfisch drauf verteilen. Mit eine Scheibe Zitrone garnieren.

Nährwerte pro Portion:
175 kcal • 18 g E • 1 g F • 23 g KH • 814 mg Ω-3-FS • 3,3 g Ba

Reich an Vitamin B_6 und Vitamin B_{12}

Lachscreme

gelingt leicht
Für 8 Personen
10 Min.

150 g geräucherter Lachs • 100 g Sahne, 30 % Fett • 200 g Doppelrahmfrischkäse • 100 g Magerquark • 1 TL abgeriebene Zitronenschale • Jodsalz • weißer Pfeffer • 4 EL frisch gehackter Dill

- Die Hälfte des Räucherlachses mit der Sahne in einem Alleszerkleinerer pürieren.
- Mit Frischkäse und Quark verrühren. Mit geriebener Zitronenschale, Salz und Pfeffer würzen.
- Den restlichen Lachs in feine Streifen schneiden und zusammen mit dem Dill unter die Creme rühren.

Das passt dazu: Vollkornbrot oder Gemüsesticks

Nährwerte pro Portion:
335 kcal • 18 g E • 28 g F • 3 g KH • 1290 mg Ω-3-FS • 0 g Ba

Reich an Polyphenolen und Folsäure

Pimientos de Padron

gelingt leicht
Für 4 Personen
15 Min.

500 g Pimientos de Padron (kleine grüne Paprikaschoten) • 2 EL Olivenöl • jodiertes, grobes Meersalz

- Pimientos waschen und trocken reiben.
- 2 EL Olivenöl in einer Pfanne erhitzen, die Hälfte der Pimientos dazugeben und unter gelegentlichen Wenden von allen Seiten anbraten. Mit Salz würzen.
- Mit der anderen Hälfte genauso verfahren und warm servieren.

Nährwerte pro Portion:
70 kcal • 1 g E • 5 g F • 4 g KH • 72 mg Ω-3-FS • 2,5 g Ba

Tipp Pimientos de Padron finden Sie im Sommer auch beim Discounter. Am besten bereiten Sie dieses Gericht nur während der Saison zu, dann ist es preiswert und die Zutaten sind ohne große Mühe zu bekommen.

« Omelettes mit Pfifferlingen

Reich an Cholin und Vitamin B_{12}

Omelettes mit Pfifferlingen

gelingt leicht
Für 4 Personen
30 Min.

1 Zwiebel • 3 Zweige Petersilie • 300 g Pfifferlinge • 2 EL Butter • Jodsalz • schwarzer Pfeffer • 8 frische Eier • Butter zum Ausbacken • Petersilie zum Garnieren

- Backofen auf 100 °C zum Warmstellen aufheizen. Zwiebel schälen und fein würfeln. Petersilie fein hacken. Pfifferlinge putzen und je nach Größe halbieren.
- Butter erhitzen, Zwiebel und Petersilie darin kurz andünsten und Pfifferlinge zugeben. Bei mittlerer Hitze 5–10 Min. garen lassen und noch kurz warmstellen.
- Für ein Omelette je zwei Eier mit Salz verquirlen und ausbacken. Möglichst sofort mit Pilzen füllen, zusammenklappen und mit Petersilie garniert servieren. Die anderen Omelettes genauso zubereiten.

Nährwerte pro Portion:
255 kcal • 16 g E • 20 g F • 3 g KH • 399 mg Ω-3-FS • 2,7 g Ba

Reich an Vitamin B_6 und Polyphenolen

Thunfisch-Sandwich

geht schnell
Für 4 Personen
15 Min.

1 Dose Thunfisch im eigenen Saft • 100 g saure Sahne • 3 EL eingelegte Kapern • Jodsalz • schwarzer Pfeffer • 1–2 EL Zitronensaft • 2 Tomaten • 8 Vollkorntoastscheiben • 2 Frühlingszwiebeln • 4 Holzspieße

- Thunfisch abtropfen lassen und zerpflücken. Mit Sahne, Salz, Pfeffer und Zitronensaft abschmecken.
- Sahne hinzugeben. Kapern abtropfen lassen und fein hacken. Mit Salz, Pfeffer und Zitrone abschmecken. Unter die Thunfischpaste rühren.
- Tomaten putzen, waschen und in Scheiben schneiden. Brotscheiben toasten. Frühlingszwiebeln putzen und in Ringe schneiden.
- Die Zutaten auf der Hälfte der Toastscheiben verteilen und mit den übrigen Toastscheiben bedecken. Mit Holzspießen fixieren.

Nährwerte pro Portion:
230 kcal • 19 g E • 6 g F • 23 g KH • 239 mg Ω-3-FS • 3 g Ba

Reich an Folsäure und Cholin

Kartoffel-Brokkoli-Tortilla

preisgünstig
Für 4 Personen
50 Min.

2 große Kartoffeln • 300 g Brokkoli • 1 Zwiebel • 3–4 EL Olivenöl • 5 Eier • Salz • schwarzer Pfeffer • ½ TL rosenscharfes Paprikapulver • 1 Prise Muskatnuss

- Kartoffeln schälen und in ca. 0,5–1 cm große Würfel schneiden. Brokkoli waschen und zerteilen. Stiel schälen und würfeln, Röschen in mundgerechte Stücke zerteilen. Zwiebel abziehen und sehr fein hacken.

- 2 EL Olivenöl in einer Pfanne (ca. 24 cm ∅) erhitzen und die Kartoffeln auf kleiner Flamme von allen Seiten ca. 10–15 Min. braten. Dabei regelmäßig umrühren, damit keine Kruste entsteht. Zwiebel und Brokkoli zufügen und weitere 5–10 Min. garen. Sobald die Kartoffeln fast gar sind – der Brokkoli sollte noch bissfest sein – die Pfanne vom Herd nehmen.

- Eier aufschlagen. Mit Salz, Pfeffer, Paprikapulver und Muskat kräftig würzen. Die Kartoffel-Brokkoli-Mischung hinzufügen und alles gut vermischen.

- In der Pfanne 1 EL Olivenöl stark erhitzen. Kartoffel-Eier-Mischung hineingeben. Zunächst umrühren, dann in Ruhe stocken lassen.

- Nach 3–4 Min. bildet sich eine Kruste, dann die Tortilla wenden. Wieder 3–4 Min. braten, bis sie gar ist.

Nährwerte pro Portion:
295 kcal • 14 g E • 16 g F • 23 g KH • 261 mg Ω-3-FS • 3,9 g Ba

Reich an Vitamin B_6 und Polyphenolen

Graved Lachs mit Senfsauce

braucht etwas mehr Zeit
Für 6 Personen
15 Min. + 3 Tage Ruhezeit

1,2 kg Lachsfilet mit Haut • 2 EL brauner Zucker • 1 EL grobes Meersalz • 1 unbehandelte Zitrone • 1½ Bund Dill • 1 TL Pfefferkörner • 2 EL Wodka • 3 EL Dijon-Senf • 1 EL Weißweinessig • 1 TL Honig • 2 EL Rapsöl • ¼ TL Jodsalz • weißer Pfeffer

- Lachs waschen und trocken tupfen. Zucker und Salz mischen und den Lachs auf der Fleischseite gründlich damit einreiben. Zitronenschale dünn abreiben. 1 Bund Dill grob hacken. Pfefferkörner zerstoßen und mit Zitronenschale und Dill auf dem Lachs verteilen. Wodka gleichmäßig darüberträufeln.

- Fisch mittig quer in 2 Hälften schneiden und beide Fleischseiten aufeinanderlegen. Die Lachsstücke eng mit Frischhaltefolie umwickeln. Mit Brett und Gewicht beschweren und in den Kühlschrank stellen. Den Lachs in den folgenden Tagen 2-mal täglich wenden.

- Den restlichen Dill fein hacken. Senf, Essig und Honig vermengen. Öl als Strahl einrühren, mit Salz und Pfeffer würzen sowie den Dill einrühren. Vor dem Servieren den Lachs in hauchdünne, sehr schräg geschnittene Scheiben schneiden. Mit der Senfsauce servieren.

Nährwerte pro Portion:
425 kcal • 40 g E • 26 g F • 6 g KH • 6040 mg Ω-3-FS • 0,5 g Ba

Kartoffel-Brokkoli-Tortilla »

SUPPEN UND SALATE

Reich an Vitamin C und Vitamin E

Möhren-Kürbis-Suppe

gelingt leicht
Für 4 Personen
⏲ 30 Min.

500 g Butternut-Kürbis • 250 g Möhren • 1 Zwiebel • 2 cm Ingwer • 2 EL Rapsöl • 750 ml Gemüsebrühe • 1 TL Zucker • Salz • weißer Pfeffer • 4 EL Kürbiskerne • 4 TL Kürbiskernöl

● Kürbis waschen, halbieren, Kerne und Fasern entfernen, schälen und das Fruchtfleisch in mundgerechte Stücke schneiden. Möhren waschen, schälen und in Scheiben schneiden. Zwiebel abziehen und fein hacken. Ingwer schälen und ebenfalls fein hacken.

● Öl in einem Topf erhitzen. Zwiebel und Gemüse darin anschwitzen, Brühe angießen und ca. 15 Min. köcheln lassen. Ingwer zur Suppe geben und pürieren. Evtl. mit etwas Zucker, Salz und Pfeffer abschmecken.

● Kürbiskerne grob hacken. Die Suppe auf Suppenschalen verteilen und mit etwas Kürbiskernöl und Kürbiskernen garnieren.

Varianten: Sie können diese Suppe auch mit 200 ml Kokoscreme abschmecken. Das Mitkochen von getrocknetem Zitronengras ist eine interessante asiatische Variante. Achtung: Zitronengras vor dem Pürieren der Suppe entfernen!

Nährwerte pro Portion:
190 kcal • 4 g E • 13 g F • 14 g KH • 512 mg Ω-3-FS • 5,3 g Ba

Reich an Polyphenolen und Vitamin C

Gazpacho

preisgünstig
Für 4 Personen
20 Min. + 1 Std. Kühlzeit

400 g vollreife Tomaten • 1 Zwiebel • 1 Knoblauchzehe • ½ Salatgurke • 1 grüne Paprika • 1 rote Paprika • 2 Scheiben Weißbrot • 4 EL Olivenöl • 2 EL Sherryessig • etwas Salz • schwarzer Pfeffer

- Tomaten häuten. Dann vierteln, entkernen und von den Stielansätzen befreien. Das Fruchtfleisch in Würfel schneiden.
- Zwiebel und Knoblauch abziehen. Gurke waschen, schälen, längs halbieren und in 6 cm dicke Stücke schneiden. Paprika waschen, halbieren, Stielansatz herausschneiden, Trennwände und Kerne herauslösen und das Fruchtfleisch in mundgerechte Stücke schneiden.
- Etwas Zwiebel, ¼ Paprika und etwas Gurke in feine Würfel schneiden. Das Gemüse getrennt in Schälchen beiseitestellen.
- Das restliche Gemüse mit Zwiebeln und Knoblauch sowie dem Weißbrot im Mixer fein pürieren. Olivenöl und Essig unter das pürierte Gemüse rühren. Mit Salz und Pfeffer pikant abschmecken.
- Suppe im Kühlschrank mindestens 1 Std. zugedeckt durchziehen lassen. Gazpacho in Teller geben. Die fein gewürfelten Zutaten dazu reichen.

Nährwerte pro Portion:
235 kcal • 5 g E • 16 g F • 17 g KH • 205 mg Ω-3-FS • 5,5 g Ba

Reich an Polyphenolen und Vitamin B_6

Rote Linsensuppe

gelingt leicht
Für 4 Personen
30 Min.

2 Möhren • 1 Lauchstange • 1 Banane • 1 große Zwiebel • 2 EL Rapsöl • 200 g rote Linsen • 1,2 l Gemüsebrühe • 1 EL Currypulver • Salz • Pfeffer • Saft einer Zitrone • 200 g Crème fraîche

- Möhren schälen und in ½ cm große Würfel schneiden. Lauch längs vierteln, waschen und fein schneiden. Banane schälen und in Scheiben schneiden. Zwiebel abziehen und fein hacken.
- Rapsöl in einem Topf erhitzen, die Zwiebel darin kurz andünsten. Lauch und Möhrenwürfel ca. 2 Min. mitdünsten. Dann Banane und Linsen dazugeben und kurz mitdünsten. Mit Brühe aufgießen und Currypulver einrühren. Zugedeckt bei mittlerer Hitze 20 Min. kochen, bis die Linsen und das Gemüse weich sind.
- Die Suppe mit Salz, Pfeffer und Zitronensaft abschmecken. Vom Herd nehmen, die Crème fraîche unterrühren und mit dem Pürierstab grob pürieren – es sollten noch Stückchen bleiben. Heiß auf Teller verteilen.

Das passt dazu: warm aufgebackenes Fladenbrot

Nährwerte pro Portion:
360 kcal • 9 g E • 24 g F • 26 g KH • 658 mg Ω-3-FS • 8,3 g Ba

Gazpacho »

Reich an Polyphenolen und Vitamin E

Kalte Gurke-Dill-Suppe

gelingt leicht

Für 4 Personen

15 Min. + 2 Std. Kühlzeit

1 Salatgurke (400 g) • 80 g Essiggurken • 50 g Lauch • 25 g gehackte Kräuter (z. B. Dill, Petersilie, Schnittlauch) • 400 ml kalte Gemüsebrühe • 2 TL Leinöl • Jodsalz • schwarzer Pfeffer • 100 g saure Sahne

- Gurke waschen und die beiden Enden entfernen. Etwas Gurke für die Garnitur in Streifen schneiden. Den Rest in pürierbare Stücke schneiden und in den Mixer geben. Die Essiggurken hinzufügen.
- Vom Lauch das Grüne verwenden und grob in Streifen schneiden. Zusammen mit Kräutern, Brühe und Leinöl in den Mixer geben und pürieren.
- Mit Salz, Pfeffer und saurer Sahne abschmecken. Für ca. 2 Std. in den Kühlschrank stellen.
- Vor dem Servieren mit Gurkenstücken und etwas Dill garnieren.

Nährwerte:

90 kcal • 384 KJ • 2 g E • 7 g F • 4 g KH • 1440 mg Ω-3-FS • 1,6 g Ba

Reich an Folsäure und Vitamin B_{12}

Grüne Kerbelsuppe

geht schnell

Für 4 Portionen

20 Min.

300 g TK-Erbsen • 1 Zwiebel • 1 Bund Kerbel • 20 g Butter • 750 ml Gemüsebrühe (Instant) • 200 g Sahne • Jodsalz • weißer Pfeffer • Cayennepfeffer • 4 EL Croûtons • Borretschblüten zum Verzieren

- Erbsen auftauen lassen. Zwiebel abziehen und würfeln. Kerbel waschen, Blättchen abzupfen und fein hacken. Butter erhitzen, Zwiebel darin andünsten. Erbsen und Brühe dazugeben und 15 Min. köcheln lassen.
- Die Hälfte der Erbsen mit einer Schaumkelle herausnehmen und beiseitestellen. Die Suppe pürieren. Sahne und übrige Erbsen zugeben und aufkochen. Suppe mit Salz, Pfeffer und Cayennepfeffer abschmecken.
- Vor dem Servieren Kerbel einrühren. Suppe mit Croûtons und mit Borretschblüten garnieren.

Nährwerte pro Portion:

330 kcal • 9 g E • 26 g F • 16 g KH • 186 mg Ω-3-FS • 2,1 g Ba

Reich an Folsäure und Polyphenolen

Bärlauch-Petersilienwurzel-Suppe

preisgünstig

Für 4 Portionen

25 Min.

1 Zwiebel • 3 Petersilienwurzeln • 1 Bund Bärlauch • 2 EL Butter • 700 ml Gemüsebrühe • 200 g süße Sahne • Salz • weißer Pfeffer • 2 EL Zitronensaft

- Zwiebel abziehen und würfeln. Petersilienwurzeln waschen, schälen und würfeln. Bärlauch abbrausen und grob hacken. Einige Blätter in Streifen schneiden.
- Zwiebel in Butter andünsten. Petersilienwurzeln hinzugeben und ebenfalls andünsten. Mit der Brühe ablöschen und 10 Min. köcheln lassen. Gehackten Bärlauch und den größten Teil der Sahne hinzufügen. Alles mit dem Pürierstab pürieren. Mit Salz, Pfeffer und Zitronensaft abschmecken. Restliche Sahne leicht anschlagen.
- Suppe auf Tellern verteilen und mit angeschlagener Sahne und Bärlauchstreifen garnieren.

Nährwerte pro Portion:

240 kcal • 6 g E • 19 g F • 11 g KH • 174 mg Ω-3-FS • 6,6 g Ba

Reich an Polyphenolen und Folsäure

Sommerliche Gemüsesuppe

gut vorzubereiten
Für 4 Personen
45 Min.

- 1 Zwiebel
- 60 g Sellerieknolle
- 200 g Möhren
- 2 Kohlrabi
- 100 g Zuckerschoten
- 200 g Brokkoli
- 2 Zweige Liebstöckel
- 100 g Schweinefilet
- 2 EL Rapsöl
- Jodsalz
- weißer Pfeffer
- 1 l Wasser
- 1 kleines Stück Meerrettich
- 1 Bund Petersilie
- 2 TL abgeriebene Zitronenschale

● Zwiebel abziehen. Sellerie, Möhren und Kohlrabi putzen und schälen. Zwiebel und Sellerie sehr klein würfeln. Möhren in 2 cm lange dünne Stifte schneiden. Kohlrabi in Scheiben schneiden, dann vierteln.

● Zuckerschoten abbrausen, quer halbieren. Vom Brokkoli den Stiel abschneiden, übrigen Brokkoli in Röschen teilen, alles abbrausen. Brokkolistrunk in dünne Scheiben schneiden. Liebstöckel abbrausen und trocken schütteln.

● Filet abbrausen und trocken tupfen. Erst in hauchdünne Scheiben, dann in 1 cm breite Streifen schneiden. Öl in einem Topf erhitzen, die Filetstreifen darin von beiden Seiten anbraten. Salzen und pfeffern, dann herausnehmen und beiseitestellen.

● Sellerie und Zwiebel im Topf anbraten. Möhren, Kohlrabi und Liebstöckel dazugeben. 1 l Wasser angießen, salzen und pfeffern. Zugedeckt 4 Min. köcheln lassen, dann Brokkoli zugeben. Nach weiteren 4 Min. Zuckerschoten zufügen. Gemüse etwa 5 Min. köcheln lassen, bis es bissfest ist.

● Meerrettich schälen und in feinen Streifen in die Suppe hobeln. Liebstöckel entfernen und die Suppe abschmecken.

● Petersilie abbrausen, trocken schütteln und die Blättchen abzupfen. Einige Blättchen beiseitestellen, übrige fein hacken und mit Zitronenschale mischen.

● Filetstreifen auf vorgewärmte Suppenteller verteilen, sehr heiße Suppe darübergießen, 1 Min. in der Suppe erwärmen lassen. Suppe mit der Zitronen-Petersilien-Mischung bestreuen. Mit Petersilienblättchen garnieren und servieren.

Nährwerte pro Portion:
160 kcal • 12 g E • 6 g F • 13 g KH • 567 mg Ω-3-FS • 7 g Ba

Reich an Vitamin B_6 und Polyphenolen

Finnische Suppe

gelingt leicht
Für 4 Personen
35 Min.

2 Zwiebeln • 200 g Lauch • 4 mittelgroße Kartoffeln • 2 Möhren • 3 EL Rapsöl • 800 ml Fischfond • 2 Pimentkörner • 1 Lorbeerblatt • 500 g Lachsfilet • ½ Bund Dill • 200 ml Milch • Jodsalz • Pfeffer

- Zwiebeln schälen und fein würfeln. Lauch waschen und in Ringe schneiden. Kartoffeln und Möhren waschen, schälen und in 1–2 cm große Würfel schneiden.

- Zwiebeln in Öl andünsten. Möhren, Kartoffeln und Lauch dazugeben und 5 Min. mitdünsten. Fischfond zugießen. Mit Piment und Lorbeerblatt köcheln lassen, bis die Kartoffeln gar sind.

- Lachs in 3 cm große Stücke schneiden. Dill grob hacken. Milch zur Suppe geben. Lachs dazugeben und max. 5 Min. ziehen lassen (nicht mehr kochen). Suppe mit Salz und Pfeffer abschmecken, Lorbeerblatt und Pimentkörner entfernen. Mit Dill bestreuen.

Nährwerte pro Portion:
465 kcal • 31 g E • 23 g F • 30 g KH • 4260 mg Ω-3-FS • 5,1 g Ba

Reich an Polyphenolen und Vitamin C

Fischers Suppe

gelingt leicht
Für 4 Personen
35 Min.

600 g mehligkochende Kartoffeln • 1 Stange Lauch • 1 Zwiebel • 1 TL Rapsöl • 1 TL Thymian • 1 l Gemüsebrühe • 120 g Räucherlachs • 400 ml Milch • 100 ml Sahne • Jodsalz • Pfeffer • Muskat • ½ Bund Petersilie • 100 g Krabben

- Kartoffeln waschen, schälen und grob würfeln. Lauch putzen, in Ringe schneiden und waschen. Zwiebel schälen, fein würfeln und im Rapsöl andünsten. Den Lauch hinzugeben und 5 Min. mitdünsten. Kartoffeln, Thymian, Lauch und Zwiebeln 20 Min. in der Gemüsebrühe köcheln lassen.

- Lachs in Streifen schneiden. Milch und Sahne in die fertige Suppe gießen und mit einem Stabmixer pürieren. Mit Salz, Pfeffer und Muskat abschmecken. Petersilie waschen, trocknen, die Blätter abzupfen und hacken. Über die fertige Suppe streuen. Lachs und Krabben in separaten Schälchen mit der Suppe servieren.

Nährwerte pro Portion:
355 kcal • 19 g E • 17 g F • 31 g KH • 1210 mg Ω-3-FS • 2,6 g Ba

Reich an Vitamin B_2 und Polyphenolen

Salat »easy«

gut vorzubereiten
Für 4 Personen
20 Min.

2 junge Kohlrabi • 4 Möhren • ½ Kopf Eisbergsalat • Saft einer Zitrone • 4 EL Rapsöl • 150 g Joghurt, 1,5 % Fett • 2 TL Senf • 6 EL frisch gehackte glatte Petersilie • Salz • Pfeffer

- Kohlrabi und Möhren waschen, putzen und in Stifte schneiden. Etwas leicht gesalzenes Wasser erhitzen und die Gemüsestifte darin 2 Min. blanchieren. In einem Sieb abtropfen und auskühlen lassen. Den Eisbergsalat in feine Streifen schneiden.

- Aus Zitronensaft, Rapsöl, Joghurt, Senf und Petersilie ein Dressing herstellen. Kräftig mit Salz und Pfeffer abschmecken.

- Das vorgegarte Gemüse darin durchziehen lassen. Den Eisbergsalat zum Schluss unterheben.

Nährwerte pro Portion:
180 kcal • 5 g E • 12 g F • 13 g KH • 975 mg Ω-3-FS • 5,1 g Ba

Reich an Folsäure und Polyphenolen

Grüner-Spargel-Salat

gut vorzubereiten

Für 4 Personen

60 Min. + 15 Min. Ziehzeit

400 g grüner Spargel • 100 g getrocknete Tomaten • etwas Weißweinessig • 40 g Pinienkerne • 60 g Brunnenkresse • 60 g Chicorée • 250 g weiße Bohnen aus der Dose (Abtropfgewicht) • 1 Zitrone • 1–2 EL Pesto • 3 EL Olivenöl • Jodsalz • Pfeffer

- Spargel im unteren Drittel schälen und die Enden abschneiden. In ausreichend Salzwasser 5–10 Min. bissfest garen und danach abgießen. Spargel in ca. 3 cm lange Stücke schneiden; einige Spitzen für die Dekoration zur Seite legen.

- Getrockneten Tomaten in einem kleinen Topf mit kochendem Wasser, versetzt mit einem Schuss Weinessig, ca. 5 Min. kochen. Abgießen und in kleine Würfel schneiden. Pinienkerne ohne Fett in einer beschichteten Pfanne unter Rühren rösten, auskühlen lassen.

- Brunnenkresse und Chicorée waschen, trocken schleudern und in mundgerechte Stücke schneiden. Bohnen mit kaltem Wasser abspülen und abtropfen lassen.

- Zitrone auspressen. Saft mit Pesto und Olivenöl verrühren. Mit Salz und Pfeffer abschmecken. Alle Zutaten mit dem Dressing vermischen und 15 Min. ziehen lassen. Salat auf 4 Tellern anrichten und mit den Spargelspitzen garnieren.

Nährwerte pro Portion:

120 kcal • 5 g E • 8 g F • 7 g KH • 411 mg Ω-3-FS • 2,3 g Ba

Reich an Polyphenolen und Folsäure

Möhren-Spargel-Salat

gut vorzubereiten

Für 4 Personen

20 Min.

400 g violette Möhren (oder orangefarbene) • 250 g grüner Spargel • 1 rote Zwiebel • 1 TL Zucker • Jodsalz • 2–3 EL Walnusskerne • 6 EL Rapsöl • 100 ml Apfelsaft • 5 EL Weißweinessig • 1 TL Senf • schwarzer Pfeffer • 1 EL Honig • ½ Bund Kerbel • 4–6 gewaschene Kopfsalatblätter

- Möhren ganz, vom Spargel nur das untere Drittel schälen. Spargelenden abtrennen. Möhren und Spargelstangen schräg in dünne Scheiben hobeln oder schneiden. Zwiebel abziehen, halbieren, in Streifen schneiden. Alles mit Zucker und 1 kräftigen Prise Salz mischen und 15 Min. ziehen lassen, damit das Gemüse etwas weicher wird.

- Walnüsse grob hacken. Öl in einem kleinen Topf erhitzen. Nüsse anrösten, mit Apfelsaft und Essig ablöschen. Senf einrühren und kräftig mit Salz, Pfeffer und Honig abschmecken. Vom Herd ziehen.

- Die Kerbelblättchen abzupfen und hacken. Nuss-Dressing unter den Gemüse-Mix heben. Salatblätter auf Tellern anrichten, Gemüsesalat darauf verteilen, mit Kerbel bestreuen und servieren.

Nährwerte pro Portion:

245 kcal • 3 g E • 19 g F • 15 g KH • 1840 mg Ω-3-FS • 4,6 g Ba

Tipp Wenn Sie das Gemüse nicht fein hobeln können, sollten Sie die groben Scheiben 5 Min. blanchieren.

Reich an Folsäure und Vitamin C

Tomaten-Bohnen-Salat

preisgünstig
Für 4 Personen
20 Min. + 20 Min. Ziehzeit

500 g grüne Bohnen • Jodsalz • 500 g Flaschentomaten • 1 Gemüsezwiebel • 3–4 Zweige Thymian • 1–2 Zweige Minze • Saft von 1 Zitrone • schwarzer Pfeffer • 1 TL Zucker • 4 EL Olivenöl

- Bohnen putzen, waschen und in mundgerechte Stücke schneiden. Zugedeckt in kochendem Salzwasser ca. 5 Min. garen. Dann abtropfen lassen.
- Tomaten waschen und in Spalten schneiden. Zwiebel schälen und in feine Spalten schneiden. Thymian waschen und grob hacken. Minze waschen und hacken.
- Zitronensaft, Salz, Pfeffer und Zucker verrühren. Öl darunterschlagen. Thymian und Minze unterrühren. Mit Bohnen, Tomaten und Zwiebel mischen, ca. 20 Min. ziehen lassen. Salat nochmals abschmecken.

Nährwerte pro Portion:
160 kcal • 5 g E • 11 g F • 10 g KH • 113 mg Ω-3-FS • 2,1 g Ba

Reich an Folsäure und Polyphenolen

Herbstsalat mit Fenchel

gut vorzubereiten
Für 4 Personen
30 Min.

80 g junger Spinat • 80 g Feldsalat • 1 kleine Rote Bete (ungekocht) • 1 kleiner Fenchel • 40 g durchwachsener Speck • 1 Schalotte • 2 EL Apfelessig • 2 TL Senf • etwas Honig • 4 EL Rapsöl • Jodsalz • Pfeffer • 100 g Gorgonzola

- Spinat und Feldsalat putzen, waschen und trocken schleudern. Rote Bete schälen und reiben. Fenchel waschen, in feine Streifen hobeln.
- Speck sehr fein würfeln und etwas ausbraten. Schalotte abziehen, fein hacken und zum Speck geben. Kurz anbraten und mit Apfelessig ablöschen.
- Senf mit etwas Honig, Rapsöl, Salz und Pfeffer verrühren. Speck und Zwiebeln hinzufügen. Salat mit dem Dressing anrichten. Den Gorgonzola zerbröseln und über den Salat verteilen.

Nährwerte pro Portion:
210 kcal • 8 g E • 18 g F • 4 g KH • 973 mg Ω-3-FS • 1,5 g Ba

Reich an Polyphenolen und Folsäure

Bunter Kürbissalat

gelingt leicht
Für 4 Personen
30 Min.

1/2 Butternut-Kürbis • 2 Stangen Bleichsellerie • 1 rote Zwiebel • 3 Handvoll Rucola • 3 EL Aceto Balsamico • 4 EL Walnussöl • Jodsalz • weißer Pfeffer • 1 Prise Koriander • etwas Zucker

- Kürbisfleisch schälen, putzen und in kleine Würfel schneiden. 10 Min. köcheln lassen.
- Sellerie putzen, die harten Außenfäden abziehen, waschen und in feine Scheiben schneiden. Zwiebel abziehen und fein hacken. Rucola putzen, waschen und trocken schütteln. Kürbis abgießen und mit Sellerie, Zwiebel und Rucola auf 4 Teller verteilen.
- Aceto Balsamico mit Walnussöl verrühren und mit Salz, Pfeffer, Koriander und Zucker abschmecken. Das Dressing über den Salat träufeln.

Nährwerte pro Portion:
125 kcal • 2 g E • 10 g F • 6 g KH • 1290 mg Ω-3-FS • 2,8 g Ba

Reich an Polyphenolen und Folsäure

Feldsalat mit Roter Bete

geht schnell
Für 4 Portionen
20 Min.

200 g Feldsalat • 2–3 gekochte Rote Beten • 8 Walnusshälften • Saft von ½ Zitrone • 4 EL Rapsöl • 2 EL Walnussöl • 1 TL Honig • Salz • Pfeffer

- Feldsalat waschen, putzen und trocken schleudern. Rote Beten in 1 cm große Würfel schneiden. Walnüsse fein hacken.
- Aus Zitronensaft, Rapsöl, Walnussöl und Honig ein Dressing herstellen. Mit Salz und Pfeffer würzen.
- Alle Zutaten in eine Salatschüssel geben und gut mischen.

Nährwerte pro Portion:
230 kcal • 3 g E • 20 g F • 8 g KH • 2320 mg Ω-3-FS • 2,8 g Ba

« Brokkoli-Blumenkohl-Salat

Reich an Folsäure und Vitamin C

Brokkoli-Blumenkohl-Salat

gelingt leicht
Für 4 Personen
30 Min.

400 g Blumenkohl • 600 g Brokkoli • 40 g Pinienkerne • 60 g getrocknete Tomaten in Öl • 2 TL Senf • 1 TL Honig • 2 EL Apfelessig • 4 EL Rapsöl • Salz • weißer Pfeffer

- Blumenkohl und Brokkoli waschen, putzen und in gleich große Röschen schneiden. Beides in leicht gesalzenem Wasser in 10 Min. bissfest garen. In einem Sieb abtropfen lassen.
- Pinienkerne in einer Pfanne ohne Fett rösten und auf einem Teller erkalten lassen. Von den getrockneten Tomaten das Öl abtupfen und die Tomaten in feine Würfel schneiden.
- Aus Senf, Honig, Essig und Rapsöl ein Dressing herstellen. Mit Salz und Pfeffer abschmecken. Marinade, Pinienkerne und Tomaten unter das lauwarme Gemüse mischen und sofort servieren.

Nährwerte pro Portion:
230 kcal • 11 g E • 16 g F • 11 g KH • 1180 mg Ω-3-FS • 8,9g Ba

Reich an Vitamin C und Folsäure

Grünkohlsalat

braucht etwas mehr Zeit
Für 4 Personen
50 Min.

4 EL Obstessig • 2 TL Dijonsenf • 4 EL Rapsöl • 1 TL Honig • 1 EL Mohn • Jodsalz • schwarzer Pfeffer • 50 g gehobelte Haselnüsse • 300 g frische Grünkohlblätter • 2 kleine Äpfel • 100 g Gouda

- Obstessig, Senf, Rapsöl und Honig zu einem Dressing verrühren. Mohn einstreuen und mit Salz und Pfeffer würzen. Haselnüsse in einer beschichteten Pfanne ohne Zugabe von Fett rösten.
- Grünkohlblätter waschen, dicke Stängel herausschneiden und die Blätter sehr fein schneiden. Mit Salz vermischen und mit den Händen 5 Min. massieren. So werden sie für den Rohverzehr schön weich.
- Äpfel in mundgerechte Würfel schneiden. Gouda ebenfalls fein würfeln. Mit dem Dressing begießen und mit Nüssen bestreuen.

Nährwerte pro Portion:
345 kcal • 12 g E • 28 g F • 13 g KH • 1230 mg Ω-3-FS • 5,9 g Ba

Reich an Folsäure und Vitamin B_{12}

Blattsalat mit Trauben

gelingt leicht

Für 4 Personen

50 Min.

400 g Hähnchenbrustfilet • 5 EL Kürbiskernöl • Cayennepfeffer • 1 Schalotte • Jodsalz • Pfeffer • 3–4 EL Weißweinessig • 1–2 Möhren (ca. 200 g) • ½ kleiner Radicchio • ½ Kopf Blattsalat (z. B. Eichblattsalat) • 300 g Weintrauben • 50 g Walnusskerne • 1 EL Rapsöl

- Hähnchenbrustfilet abbrausen, trocken tupfen, erst in Scheiben, dann in ca. 5 cm lange Streifen schneiden. 1 EL Kürbiskernöl mit wenig Cayennepfeffer würzen. Hähnchenbruststreifen darin 30 Min. marinieren.

- Für das Dressing Schalotte abziehen und fein würfeln. Salz und Pfeffer mit dem Essig verrühren. Restliches Öl unterschlagen.

- Möhren putzen, schälen und grob raspeln. Salate putzen, waschen, trocken schütteln und in mundgerechte Stücke zupfen. Trauben waschen, halbieren, entkernen. Nüsse grob hacken.

- Hähnchenbruststreifen aus der Marinade nehmen und trocken tupfen. Im heißen Rapsöl rundum 5–7 Min. braten.

- Salatzutaten mit dem Dressing mischen. Auf Tellern anrichten. Hähnchenstreifen und Nüsse darübergeben.

Nährwerte pro Portion:

405 kcal • 28 g E • 25 g F • 17 g KH • 1650 mg Ω-3-FS • 4,4 g Ba

Reich an Folsäure und Polyphenolen

Nudelsalat mit Erbsenpesto

braucht etwas mehr Zeit

Für 6 Personen

40 Min.

200 g kurze Nudeln, z. B. Spirelli auf Basis von roten Linsen • 1 kg Brokkoli • 1 Bund Basilikum • 200 g TK-Erbsen • Saft von 1 Zitrone • 6 EL Olivenöl • Jodsalz • Pfeffer • 3 Frühlingszwiebeln • 80 g Bleichsellerie • 60 g fein geriebener Parmesan

- Die Nudeln bissfest garen. Brokkoli waschen, putzen und in mundgerechte Röschen teilen. Brokkoliröschen bissfest garen, in ein Sieb abgießen, mit kaltem Wasser abschrecken und abtropfen lassen.

- Basilikum waschen, trocken schütteln und die Blättchen von den Stielen zupfen. Zusammen mit Erbsen, Zitronensaft und Öl in ein hohes Gefäß geben und mit dem Mixstab pürieren. Mit Salz und Pfeffer würzen. Nudeln mit der Erbsenmasse vermengen.

- Frühlingszwiebeln waschen, putzen und in feine Ringe schneiden. Bleichsellerie waschen, putzen und in feine Würfel schneiden.

- Salatzutaten mit Erbsenpesto vermengen. Salzen und pfeffern. Eventuell noch etwas Zitronensaft hinzugeben und mit Parmesan bestreuen.

Nährwerte pro Portion:

335 kcal • 16 g E • 14 g F • 34 g KH • 282 mg Ω-3-FS • 7,6 g Ba

Nudelsalat mit Erbsenpesto »

Reich an Cholin und Polyphenolen

Kartoffelsalat

preisgünstig
Für 4 Personen
⏲ 40 Min + 1–3 Std. Ziehzeit

1 kg festkochende Kartoffeln • Salz • 4 Eier • 1 Bund Frühlingszwiebeln • 1 Glas Cornichons (330 g) • 250 g Salatmayonnaise • 150 g Joghurt • 2 TL Senf • schwarzer Pfeffer

- Kartoffeln gründlich waschen und in leicht gesalzenem Wasser zum Kochen bringen. In ca. 20 Min. garen, abgießen, auskühlen lassen, pellen und in Scheiben schneiden.

- Eier in ca. 10 Min. hart kochen. Abschrecken, pellen, auskühlen lassen und dann in Scheiben schneiden.

- Frühlingszwiebeln waschen, putzen und in hauchdünne Ringe schneiden. Cornichons abgießen, dabei das Gurkenwasser auffangen. Cornichons in Scheiben schneiden.

- Für die Sauce Salatmayonnaise mit Joghurt und Senf verrühren. Mit Salz und Pfeffer würzen. Alle Zutaten in eine große Salatschüssel geben und miteinander vermengen. Mind. 1 Std. durchziehen lassen.

- Vor dem Servieren erneut mit Salz und Pfeffer abschmecken. Gurkenwasser angießen, damit der Salat nicht zu trocken ist, denn die Sauce ist zum größten Teil von den Kartoffeln aufgesogen worden.

Nährwerte pro Portion:
790 kcal • 15 g E • 60 g F • 47 g KH • 301 mg Ω-3-FS • 5,1 g Ba

Reich an Folsäure und Polyphenolen

Quinoa-Gemüse-Salat

braucht etwas mehr Zeit
Für 4 Personen
⏲ 50 Min.

1 kleine Zwiebel • 1 Stange Bleichsellerie • 1 EL Rapsöl • 120 g Quinoa • 250 ml Gemüsebrühe • 500 g Möhren • 250 g grüner Spargel • 200 g Zuckerschoten • 2 EL Zitronensaft • 3 EL Walnussessig • 3 EL Leinöl • Jodsalz • schwarzer Pfeffer • 4 EL frisch gehackte glatte Petersilie

- Zwiebel abziehen und fein hacken. Bleichsellerie waschen, putzen und in feine Würfel schneiden. Rapsöl in einem Topf erhitzen und Zwiebel und Sellerie darin andünsten. Quinoa hinzufügen und die Brühe angießen. Das Ganze ca. 15 Min. garen.

- Inzwischen das Gemüse waschen. Möhren schälen und in 4 cm lange und dünne Streifen schneiden. Das untere Drittel des Spargels schälen und die Stangen ebenfalls in mundgerechte Stücke schneiden. Zuckerschoten putzen und halbieren. Das ganze Gemüse in 500 ml leicht gesalzenem Wasser dünsten, sodass das Gemüse noch Biss hat.

- Aus Zitronensaft, Walnussessig und Leinöl ein Dressing herstellen. Mit Salz und Pfeffer abschmecken.

- Quinoa, Gemüse und Dressing vermengen. Nochmals mit Salz und Pfeffer abschmecken und zum Schluss die Petersilie unterheben.

Nährwerte pro Portion:
300 kcal • 9 g E • 13 g F • 35 g KH • 4290 mg Ω-3-FS • 10,2 g Ba

Reich an Polyphenolen und Vitamin B_6

Linsen-Gemüse-Salat

braucht etwas mehr Zeit

Für 4 Personen

60 Min.

2 Zwiebeln • 1 Knoblauchzehe • 1 Möhre • 1 rote Paprika • 2 Stangen Sellerie • 1 EL Olivenöl • Salz • Pfeffer • 1 Stängel glatte Petersilie • 2 Zweige Thymian • 100 g braune, kleine Linsen • 175 ml Gemüsebrühe • 150 g Joghurt • 3 EL Walnussessig • ½ EL Zucker • 4 Blätter Radicchio

- Zwiebeln und Knoblauch abziehen und fein hacken. Möhren schälen, Paprika und Sellerie waschen. Alles Gemüse putzen und anschließend würfeln.

- Etwas Olivenöl in einer Pfanne erhitzen und die Möhrenwürfel darin 5 Min. dünsten. ¾ der Zwiebeln, Sellerie und Paprika dazugeben und mit Salz, Pfeffer, Petersilie und Thymian würzen. Nach 5 Min. Gemüse aus der Pfanne nehmen und kalt stellen. Petersilienstängel und Thymianzweige entfernen.

- In der Pfanne die Linsen anschwitzen, Gemüsebrühe angießen und zum Kochen bringen. Die Linsen in ca. 20 Min. bissfest garen.

- Für das Dressing Joghurt mit Knoblauch und den restlichen Zwiebelwürfeln verrühren. Mit Essig, Zucker, Salz und Pfeffer abschmecken und anschließend mit den Linsen und dem Gemüse vermischen. Radicchio in feine Streifen schneiden und kurz vor dem Anrichten unter den Salat mengen.

Nährwerte pro Portion:

165 kcal • 9 g E • 5 g F • 19 g KH • 132 mg Ω-3-FS • 7,6 g Ba

Reich an Folsäure und Zink

Hirse-Zucchini-Salat mit Garnelen

braucht etwas mehr Zeit

Für 4 Personen

35 Min.

200 g Hirse • Jodsalz • 500 g Zucchini • 2 EL Rapsöl • 12 große geschälte Garnelen • schwarzer Pfeffer • einige Blätter Eisbergsalat • 150 g grüne kernlose Weintrauben • 150 g blaue kernlose Weintrauben • 30 g Kürbiskerne • 4 EL Weißweinessig • 3 EL Kürbiskernöl • 5 EL Orangensaft

- Hirse in einem kleinen Topf mit 300 ml leicht gesalzenem Wasser zum Kochen bringen, zugedeckt bei schwacher Hitze ca. 15 Min. köcheln lassen.

- Zucchini waschen und in dünne Scheiben schneiden. Einige Tropfen Öl in einer beschichteten Pfanne mit einem Pinsel verteilen und erhitzen. Zucchinischeiben darin von jeder Seite braten. Dann Garnelen zugeben und mitbraten. Alles mit Salz und Pfeffer würzen.

- Salatblätter waschen, trocken schleudern und mundgerecht zerpflücken. Trauben waschen, abzupfen und halbieren. Kürbiskerne klein haken, mit Essig, Salz und Pfeffer verrühren. Restliches Rapsöl sowie Kürbiskernöl und Orangensaft untermischen.

- Alle vorbereiteten Zutaten zusammen anrichten und mit dem Dressing beträufeln.

Nährwerte pro Portion:

490 kcal • 25 g E • 20 g F • 51 g KH • 981 mg Ω-3-FS • 5,4 g Ba

Reich an Vitamin B_6 und Vitamin C

Bohnensalat mit Hering

gut vorzubereiten
Für 4 Personen
15 Min. + 24 Std. Ziehzeit

4 filetierte Heringe • 180 ml Apfelessig • 1 TL Jodsalz • 4 EL Zucker • 1 TL gestoßene Koriandersamen • 1 TL gestoßene Senfsamen • 1 Prise gemahlener Piment • 2 Lorbeerblätter • 4 Frühlingszwiebeln • 400 g weiße Bohnen (Dose) • 8 EL gehackte Petersilie • 1 EL gehackte Minze

- Heringsfilets halbieren und in eine flache Glasschüssel (kein Metall) legen. Essig, Salz, Zucker, Gewürze und Lorbeerblätter in einen Topf geben und unter Rühren kurz aufkochen, bis sich der Zucker aufgelöst hat. Marinade über den Fisch gießen.

- Frühlingszwiebeln waschen, trocken tupfen und in feine Ringe schneiden. Bohnen abspülen und abtropfen lassen. Petersilie und Minze unterrühren. Zum Hering geben, abdecken und über Nacht kalt stellen.

Nährwerte pro Portion:
455 kcal • 40 g E • 24 g F • 20 g KH • 5520 mg Ω-3-FS • 4,5 g Ba

Reich an Polyphenolen und Omega-3-Fettsäuren

Rucola-Lachs-Salat

gelingt leicht
Für 4 Personen
30 Min.

150 g Rucola • 30 g Pinienkerne • 2 Frühlingszwiebeln • 100 g in Öl eingelegte, getrocknete Tomaten • 4 Tomaten • 200 g Räucherlachs • 4 EL Olivenöl • Saft von einer ½ Zitrone • Salz • Pfeffer • Zucker

- Rucola sorgfältig verlesen, waschen und trocken schleudern. Pinienkerne rösten. Frühlingszwiebeln waschen, putzen und in feine Ringe schneiden. Getrocknete Tomaten gut abtropfen lassen und in Streifen schneiden. Frische Tomaten waschen, vierteln, Stielansatz entfernen und in Spalten schneiden. Den Räucherlachs in Streifen schneiden.

- Für das Dressing Olivenöl mit Zitronensaft verrühren. Mit Salz, Pfeffer und Zucker abschmecken. Die Salatzutaten, bis auf den Lachs, mit dem Dressing vermischen. Den Salat auf 4 Teller verteilen und die Lachsstreifen auf den Salat geben.

Nährwerte pro Portion:
300 kcal • 15 g E • 23 g F • 7 g KH • 1750 mg Ω-3-FS • 3,8 g Ba

Reich an Folsäure und Polyphenolen

Grüner Couscous-Salat

gelingt leicht
Für 4 Personen
20 Min.

200 g Couscous • 500 ml Gemüsebrühe (Instant) • 1 Bund Basilikum • ½ Bund Minze • 1 Bund Rucola • 125 g junger Spinat • 200 g Feta • 4 EL Zitronensaft • 4 EL Olivenöl • Jodsalz • schwarzer Pfeffer

- Couscous in der heißen Brühe ca. 5 Min. quellen lassen.

- Basilikum- und Minzeblättchen waschen, trocken tupfen, abzupfen und hacken. Rucola waschen, trocken schütteln, Blätter sehr fein hacken. Spinat waschen, trocken schleudern und grob hacken. Feta mundgerecht würfeln.

- Zitronensaft mit Öl verrühren. Kräuter, Rucola und Spinat, Dressing und Feta unter den Couscous mischen. Salzen und pfeffern.

Nährwerte:
450 kcal • 16 g E • 25 g F • 38 g KH • 363 mg Ω-3-FS • 5,3 g Ba

Grüner Couscous-Salat »

HAUPTGERICHTE

Reich an Polyphenolen und Selen

Buntes Asia-Pfannengemüse

gelingt leicht
Für 4 Personen
50 Min.

130 g schwarze Bohnen (Dose) • 250 g Brokkoli • 250 g Möhren • 125 g Zuckerschoten • 2 rote Paprika • 1 Stange Lauch • 1 kleine Zucchini • 200 g Shiitake-Pilze • 250 g Chinakohl • 30 g Ingwerwurzel • 3 Knoblauchzehen • 4 EL Rapsöl • 20 g Sesam • 1–2 EL rote Currypaste • 125 ml Gemüsebrühe • 2 EL Sojasauce • 2 TL Sesamöl • Jodsalz • Pfeffer

- Bohnen abtropfen lassen. Brokkoli putzen und in Röschen teilen. Möhren, Zuckerschoten, Paprika, Lauch und Zucchini putzen, waschen. Alles in feine Streifen schneiden.

- Shiitake-Pilze in Streifen schneiden. Die äußeren Blätter vom Chinakohl entfernen, die anderen Blätter quer in ca. 2 cm breite Streifen schneiden. Ingwer und Knoblauch fein würfeln.

- Öl in einem Wok erhitzen. Möhren, Paprika, Brokkoli und Pilze darin 2 Min. unter Wenden kräftig anbraten. Zuckerschoten, Lauch, Zucchini, Chinakohl, Knoblauch, Ingwer, Sesam, Bohnen und Currypaste hinzufügen. Unter ständigem Rühren weitere 3–4 Min. braten.

- Gemüsebrühe, Sojasauce und Sesamöl zugeben und kurz aufkochen lassen. Das Gemüse gut mischen und mit Salz und Pfeffer abschmecken.

Nährwerte pro Portion:
325 kcal • 14 g E • 17 g F • 29 g KH • 1200 mg Ω-3-FS • 16,7 g Ba

Reich an Vitamin B_6 und Vitamin C

Orientalischer Kichererbseneintopf

gelingt leicht

Für 4 Personen

30 Min.

2 Zwiebeln • 2 Knoblauchzehen • 1 gelbe Paprika • 1 Zucchini • 1 Dose Kichererbsen (800 g) • 1 Dose geschälte Tomaten (825 g) • 6 Kardamomkapseln • 1½ TL Kreuzkümmel • 2 EL Olivenöl • 500 ml Gemüsebrühe • 1 EL Currypulver • 1 TL gemahlener Zimt • Jodsalz • Zucker • ½ Bund glatte Petersilie

- Zwiebeln und Knoblauch abziehen und würfeln. Paprika und Zucchini putzen. Paprika würfeln, Zucchini in Scheiben schneiden.

- Kichererbsen in einem Sieb abtropfen lassen. Tomaten ebenfalls abtropfen lassen, dabei den Saft auffangen. Tomaten grob zerkleinern. Kardamom aus den Kapseln lösen und mit dem Kreuzkümmel im Mörser zerstoßen.

- Olivenöl in einem Topf erhitzen. Zwiebeln, Knoblauch, Paprika und Zucchini darin andünsten. Gemüsebrühe, Tomaten, Tomatensaft, Kichererbsen, alle Gewürze, Salz und 1 Prise Zucker zufügen. Zugedeckt 15 Min. köcheln lassen.

- Petersilie waschen, abzupfen und hacken. Eintopf mit der Petersilie garnieren und servieren.

Das passt dazu: Joghurt mit frischer Minze

Nährwerte pro Portion:

415 kcal • 20 g E • 13 g F • 53 g KH • 1440 mg Ω-3-FS • 14,2 g Ba

Reich an Polyphenolen und Vitamin B_6

Bärlauch-Risotto

gelingt leicht

Für 4 Personen

35 Min.

1 Bund Bärlauch • 1 l Gemüsebrühe (Instant) • 1 Zwiebel • 2 EL Olivenöl • 320 g Risotto-Reis • Salz • Pfeffer • 125 ml trockener Weißwein • 3 EL Schlagsahne • etwas Zitronensaft • 30 g gehobelter Parmesan

- Bärlauch waschen, trocken schütteln und putzen. Einige Blättchen zum Garnieren beiseitelegen, die übrigen fein hacken. Brühe erhitzen.

- Zwiebel abziehen und fein würfeln. Olivenöl in einem Topf erhitzen, Zwiebelwürfel und Risotto-Reis darin glasig dünsten. Mit Salz und Pfeffer würzen, mit Weißwein ablöschen und einkochen lassen.

- Ein Drittel der Gemüsebrühe zugeben, Hitze reduzieren, Zwiebel-Reis-Mix ab und zu umrühren. Restliche Gemüsebrühe nach und nach angießen. Wenn die Brühe aufgebraucht ist, Sahne und gehackten Bärlauch unterheben. Risotto mit Salz, Pfeffer und Zitronensaft abschmecken.

- Bärlauch-Risotto auf vier Teller verteilen und gehobelten Parmesan darüberstreuen. Mit den übrigen Bärlauch-Blättchen garniert servieren.

Nährwerte pro Portion:

460 kcal • 10 g E • 15 g F • 66 g KH • 124 mg Ω-3-FS • 4,0 g Ba

Reich an Vitamin B_6 und Polyphenolen

Veganes Grünkernrisotto

geht schnell
Für 4 Personen
25 Min.

2 Zucchini • 3 EL Olivenöl • 300 g Grünkernschrot • 800 ml Tomatensaft • Jodsalz • schwarzer Pfeffer • 4 EL frisch gehacktes Basilikum

- Zucchini waschen, putzen und klein würfeln. Öl in einem Topf erhitzen. Zucchini darin kurz anbraten. Grünkern einstreuen und kurz mitdünsten. Tomatensaft und 400 ml Wasser angießen. Mit Salz und Pfeffer würzen.

- Einmal aufkochen lassen, dann zugedeckt 8–10 Min. köcheln lassen, bis der Grünkernschrot gar ist. Dabei öfters umrühren und bei Bedarf etwas Wasser nachgießen. Risotto mit Salz und Pfeffer abschmecken und mit Basilikum dekorieren.

Nährwerte:
365 kcal • 12 g E • 10 g F • 56 g KH • 216 mg Ω-3-FS • 8,8 g Ba

Tipp Nicht-Veganer geben Parmesan und etwas saure Sahne unter das Gericht. Auch Fetawürfel passen sehr gut.

Reich an Vitamin B_6 und Polyphenolen

Grünkernbratlinge

preisgünstig
Für 16 Stück
40 Min.

200 g Grünkernschrot • 400 ml Brühe • 2 Möhren • 50 g geriebener Gouda • 2 Eier • Jodsalz • Pfeffer • 4 EL Rapsöl

- Grünkernschrot mit der doppelten Menge an Brühe aufkochen. Auf niedriger Stufe 20 Min. ausquellen und abkühlen lassen.

- Möhren waschen, putzen und fein würfeln. Mit Gouda und Eiern unter den Schrotbrei heben. Mit Salz und Pfeffer abschmecken.

- In einer beschichteten Pfanne etwas Rapsöl erhitzen und mit einem Esslöffel Handballen-große Häufchen ins Öl setzen. Die Bratlinge auf der mittleren Stufe von beiden Seiten ca. 5 Min. braten. So fortfahren, bis der ganze Bratlingsbrei verbraucht ist.

Das passt dazu: Kräuterquark und Pellkartoffeln

Nährwerte pro Stück:
90 kcal • 3 g E • 5 g F / 9 g KH • 246 mg Ω-3-FS • 1,6 Ba

Reich an Polyphenolen und Vitamin C

Kartoffel-Pastinaken-Puffer

gelingt leicht
Für 4 Personen
35 Min.

600 g vorwiegend festkochende Kartoffeln • 400 g Pastinaken • 2 Knoblauchzehen • 15 g Butter • 4 EL Rapsöl • Jodsalz • schwarzer Pfeffer

- Kartoffeln und Pastinaken schälen und in große Stücke schneiden. Kartoffeln in leicht gesalzenem Wasser 2 Min. kochen. Pastinaken dazugeben und weitere 3 Min. kochen. Abgießen und etwas abkühlen lassen.

- Knoblauch schälen und klein hacken. Kartoffeln und Pastinaken mit einer groben Reibe raspeln und in einer Schüssel vermengen. Knoblauch und Gewürze darüberstreuen und alles gründlich vermengen. 8 Puffer formen.

- Butter und 2 EL Öl in einer großen Pfanne erhitzen. Die Puffer darin ca. 5 Min. braten, bis sie goldbraun sind, dann wenden und weitere 5 Min. braten.

Nährwerte pro Portion:
285 kcal • 4 g E • 14 g F • 36 g KH • 900 mg Ω-3-FS • 4 g Ba

Reich an Polyphenolen und Vitamin B_6

Vegetarische Couscous-Pfanne

preisgünstig
Für 4 Personen
50 Min.

- 1 Dose Kichererbsen (440 g)
- 1 Zwiebel
- 1 Knoblauchzehe
- 2 Möhren
- 1 Zucchini
- 1 Aubergine
- Jodsalz
- 300 g Tomaten
- 3 EL Olivenöl
- 250 ml Gemüsebrühe
- schwarzer Pfeffer
- Kreuzkümmel
- 300 g Couscous (Instant)
- 2 EL Butter
- 1 Zitrone
- 1 Bund Minze
- 1 Bund glatte Petersilie oder Koriander

● Kichererbsen in ein Sieb abgießen und mit kaltem Wasser abbrausen. Zwiebel und Knoblauch abziehen und sehr fein hacken. Die Möhren waschen, putzen und schälen, dann würfeln. Zucchini waschen, Stiel- und Blütenansatz entfernen. Zunächst längs in ca. ½ cm dicke Streifen und dann in kleine Würfel schneiden.

● Aubergine waschen, trocken reiben und den Stielansatz entfernen. Längs halbieren und in ½ cm dicke Scheiben schneiden. Auberginenscheiben mit Salz bestreuen und 15 Min. stehen lassen. Danach das Salz abwaschen, mit Küchenpapier trocken tupfen und die Auberginenscheiben in ca. 1 cm große Stücke schneiden.

● Tomaten über Kreuz einritzen, kurz mit kochendem Wasser überbrühen, mit kaltem Wasser abschrecken, mit einem kleinen Küchenmesser enthäuten, vierteln, entkernen und von den Stielansätzen befreien. Dann in Würfel schneiden.

● Olivenöl in einer großen Pfanne erhitzen. Zwiebel und Knoblauch hinzufügen und kurz andünsten. Danach Möhren, Zucchini, Auberginen und Kichererbsen zufügen und unter Rühren kräftig anbraten. Tomatenwürfel hinzufügen und mit Gemüsebrühe ablöschen. Mit Salz, Pfeffer und Kreuzkümmel kräftig würzen und zugedeckt ca. 30 Min. köcheln lassen.

● In einem großen Topf 300 ml Wasser mit einem ¼ TL Salz zum Kochen bringen, danach vom Herd nehmen. Couscous langsam einrühren und ca. 3 Min. quellen lassen. Butter in kleinen Stücken unterrühren und auf kleiner Flamme 3 Min. garen. Dabei den Couscous mit der Gabel auflockern.

● Minze und Petersilie (oder Koriander) waschen, trocken tupfen, Blätter von den Stielen zupfen und fein hacken. Den Couscous mit den Kräutern unter das Gemüse heben.

Nährwerte pro Portion:
655 kcal • 20 g E • 17g F • 80 g KH • 903 mg Ω-3-FS • 14 g Ba

Reich an Vitamin C und Polyphenolen

Wok-Gemüse

geht schnell
Für 4 Portionen
30 Min.

300 g Brokkoli (TK) • 1 rote Paprika • 1 kleine Stange Lauch • 1 rote Zwiebel • 2 cm Ingwer • 200 g Sojasprossen • 3 EL Sojasauce • 100 ml süße Chilisauce • 2 EL Tomatenketchup • 2 EL Zitronensaft • 40 g Cashewkerne • 200 g asiatische Eiernudeln • 2 EL Rapsöl • Pfeffer

- Brokkoli auftauen. Paprika putzen, waschen und würfeln. Lauch putzen, abbrausen und in Ringe schneiden. Zwiebel abziehen und in Streifen schneiden. Ingwer schälen und fein hacken. Sojasprossen abgießen und abbrausen.

- Sojasauce mit Chilisauce, Ketchup und Zitronensaft verrühren. Cashewkerne in einer Pfanne ohne Fett rösten. Eiernudeln nach Packungsangabe zubereiten.

- Öl erhitzen. Paprika, Lauch und Zwiebel darin 3–4 Min. anbraten. Sprossen und Ingwer hinzugeben und weitere 3 Min. mitbraten. Brokkoli und Saucenmischung zum Schluss hinzugeben und ca. 4 Min. köcheln lassen.

- Mit Sojasauce und Pfeffer abschmecken. Nudeln mit Gemüse und Cashewkernen mischen und auf Tellern anrichten.

Nährwerte pro Portion:
405 kcal • 18 g E • 12 g F • 54 g KH • 844 mg Ω-3-FS • 10 g Ba

Reich an Folsäure und Polyphenolen

Wirsing-Gnocchi-Eintopf

gelingt leicht
Für 4 Personen
40 Min.

1,3 kg Wirsing • 4 EL Olivenöl • Jodsalz • schwarzer Pfeffer • 200 ml Gemüsebrühe • 200 g Schmand • 5–6 TL Dijonsenf • 1 Prise gemahlener Kümmel • ½ TL Kurkuma • 800 g Gnocchi zum Anbraten (Kühlregal) • ½ Bund glatte Petersilie

- Wirsing putzen, waschen, vierteln und den Strunk entfernen. Viertel längs in 3 Spalten und diese in 2 cm breite Streifen schneiden. 2 EL Olivenöl in einem großen Topf erhitzen. Wirsing darin ca. 8 Min. anbraten. Salzen, pfeffern und mit Gemüsebrühe und Schmand ablöschen. Einmal aufkochen und Herd ausschalten. Mit Senf, Kümmel und Kurkuma abschmecken und im geschlossenen Topf auf ausgeschalteter Herdplatte ruhen lassen.

- 2 EL Olivenöl in einer Pfanne erhitzen. Gnocchi darin nach Packungsanleitung ca. 3–4 Min. anbraten. Petersilie kalt abbrausen, trocken schütteln, Blättchen abzupfen, grob hacken und unter den Wirsing heben. Gnocchi mit Wirsinggemüse mischen, mit Salz und Pfeffer abschmecken.

Nährwerte pro Portion:
665 kcal • 19 g E • 28 g F • 80 g KH • 700 mg Ω-3-FS • 13,4 g Ba

Reich an Folsäure und Polyphenolen

Exotischer Wirsing

gelingt leicht

Für 4 Personen

55 Min.

- 1 rote Chilischote
- 1 Stängel Zitronengras
- 3 cm Ingwer
- ½ Bund Koriandergrün
- 300 ml Gemüsebrühe
- 1 Wirsing (ca. 600 g)
- 400 g Möhren
- 400 g Kartoffeln
- 2 rote Zwiebeln
- 2 EL Rapsöl
- 400 ml ungesüßte Kokosmilch (Dose)
- 4–5 EL Sojasauce
- 80 g Cashewkerne

● Für die Gewürzpaste Chili waschen, trocken tupfen, längs halbieren, Kerne und Scheidewände sowie Stängelansatz entfernen. Fruchtfleisch sehr fein würfeln. Äußere Blätter vom Zitronengras entfernen. Ingwer schälen. Beides grob hacken. Koriander waschen und mit Küchenkrepp trocken tupfen. Die Blättchen von den Stielen zupfen und mit einem großen Küchenmesser grob hacken. Alle bisher vorbereiteten Zutaten mit 100 ml Brühe im Mixer zu einer sämigen Paste pürieren.

● Äußere Blätter vom Wirsing entfernen. Wirsing halbieren, Strunk entfernen und den Kopf mit einem Küchenmesser grob in Streifen schneiden. Möhren waschen, Wurzel- und Blattansatz wegschneiden und mit einem Sparschälen schälen. Möhren zuerst längst in Streifen schneiden und dann würfeln. Kartoffeln schälen, waschen und in grobe Würfel schneiden. Zwiebeln abziehen und in Spalten schneiden.

● Das Öl in einem Topf erhitzen. Zwiebeln, Möhren und Kartoffeln andünsten. Gewürzpaste hinzugeben und 2 Min. mitdünsten. Kokosmilch und übrige Brühe angießen, ca. 15 Min. köcheln lassen. Wirsing hinzufügen und alles weitere 10 Min. zugedeckt dünsten. Dann mit Sojasauce abschmecken.

● Cashewkerne ohne Fett in einer Pfanne rösten. Das Wirsinggericht in Schälchen oder auf tiefen Tellern anrichten. Mit Koriander und Cashewkernen bestreuen.

Variante: Anstelle von Kokosmilch und Cashewkernen können Sie auch Sojacreme und gehobelte Haselnüsse verwenden.

Nährwerte pro Portion:
360 kcal • 13 g E • 18 g F • 36 g KH • 676 mg Ω-3-FS • 10,7 g Ba

Reich an Folsäure und Polyphenolen

Kartoffel-Rosenkohl-Kuchen

braucht etwas mehr Zeit

Für 4 Personen

60 Min. + 1 Std. Ruhezeit + 40 Min. Backzeit

150 g kalte Butter • 150 g Weizenmehl, Type 550 • 150 g Roggenmehl, Type 1150 • Jodsalz • 1 Ei • 500 g vorwiegend festkochende Kartoffeln • 500 g Rosenkohl • 250 g Champignons • 2 EL Butter • 250 g Schmand • 3–4 EL Senf • 2 Eier (Größe M) • 1 EL gehackte Petersilie • Pfeffer • Muskat • 100 g geriebener Emmentaler

- Butter in Würfel schneiden. Mit den Mehlen, ½ TL Salz und Ei zu einer Kugel kneten. In Folie gewickelt 1 Std. kalt stellen.

- Kartoffeln mit Schale in kochendem Wasser in 25 Min. garen. Pellen, auskühlen lassen und in Scheiben teilen. Rosenkohl putzen, größere Röschen halbieren. In leicht gesalzenem Wasser ca. 5 Min. köcheln lassen.

- Pilze putzen, in Scheiben schneiden und in 1 EL Butter kurz anbraten. Schmand mit Senf, Eiern und Petersilie verrühren. Mit Salz, Pfeffer und Muskat würzen. Ofen auf 200 °C vorheizen.

- Teig ½ cm dick ausrollen. Gefettete Tarte-Form (ca. 27 cm Ø) damit auskleiden. Mit Kartoffeln, Pilzen und Rosenkohl belegen. Eiercreme angießen und mit Emmentaler bestreuen. Im Ofen ca. 40 Min. backen.

Nährwerte pro Portion:

985 kcal • 31 g E • 60 g F • 80 g KH • 844 mg Ω-3-FS • 12,6 g Ba

« Kartoffel-Rosenkohl-Kuchen

Reich an Folsäure und Vitamin C

Brokkoli-Spargel-Hirse-Auflauf

gut vorzubereiten

Für 4 Personen

40 Min. + 15 Min. Gratinierzeit

2 Schalotten • 500 g Brokkoli • 350 g grüner Spargel • 3 Lauchzwiebeln • 100 g Greyerzer • 4 Scheiben gekochter Schinken • 2 EL Butter • 200 g Hirse • Salz • Pfeffer • 200 ml trockener Weißwein • 700 ml milde Gemüsebrühe (Instant) • 2 Eigelbe • 50 g Schlagsahne

- Schalotten abziehen und fein würfeln. Alles Gemüse putzen und waschen. Brokkoli in kleine Röschen teilen. Von den Spargelstangen das untere Drittel schälen, die Stangen in 2 cm breite Stücke schneiden. Die Lauchzwiebeln schräg in Ringe teilen. Käse grob reiben. Schinken in 1 cm breite Streifen schneiden. Backofen auf 225 °C vorheizen.

- Butter im Topf erhitzen, Schalotten darin andünsten. Hirse hinzufügen und mitdünsten, bis die Schalotten glasig sind. Leicht salzen und pfeffern. Mit Weißwein ablöschen und die Flüssigkeit unter häufigem Rühren einköcheln lassen. Nach und nach heiße Brühe angießen. Hirse in ca. 20 Min. bei kleiner Hitze bissfest kochen, dabei häufig umrühren. 5 Min. vor Ende der Garzeit Brokkoli und Spargel zufügen.

- Auflaufform einfetten. Eigelbe und Sahne verrühren, mit Lauchzwiebeln und Schinken unter den Hirsotto rühren und in die Form füllen. Auflauf mit Käse bestreuen und im Ofen 15 Min. überbacken.

Nährwerte pro Portion:

565 kcal • 29 g E • 26 g F • 45 g KH • 436 mg Ω-3-FS • 9,3 g Ba

Reich an Vitamin E und Vitamin B_{12}

Süßkartoffel-Walnuss-Auflauf

gut vorzubereiten

Für 4 Personen

20 Min. + 45 Min. Backzeit

1,2 kg Süßkartoffeln (ersatzweise Kartoffeln und Kürbis gemischt) • 30 g Walnüsse • ½ Bund Thymian • 1 Knoblauchzehe • Jodsalz • schwarzer Pfeffer • 250 g Schlagsahne • 250 ml Milch • 200 g Schafskäse

- Backofen auf 200 °C vorheizen. Kartoffeln schälen, längs halbieren und in dünne Scheiben schneiden. Walnüsse grob hacken und in einer Pfanne ohne Fett anrösten.

- Thymianblätter abstreifen und hacken. Knoblauch abziehen und fein hacken. Alle vorbereiteten Zutaten vermischen. Mit Salz und Pfeffer kräftig würzen. In eine ofenfeste Form füllen.

- Sahne mit Milch mischen und über die Kartoffeln gießen. Käse zerbröckeln und darüber verteilen. Auflauf im Ofen auf mittlerer Schiene ca. 45 Min. backen.

Nährwerte pro Portion:
500 kcal /16 g E • 40 g F • 20 g KH • 1140 mg Ω-3-FS • 6,8 g Ba

Reich an Folsäure und Polyphenolen

Gemüsecurry

geht schnell

Für 4 Portionen

25 Min.

250 g Möhren • 300 g Brokkoli • 1 Knoblauchzehe • 1 Zwiebel • 250 g Champignons • 2 TL Currypulver • 2 EL Rapsöl • 150 g Erbsen (TK) • 200 ml Gemüsebrühe • 200 ml Kokosmilch • 1 Bio-Zitrone • Salz • 1 EL Stärke • weißer Pfeffer

- Möhren in Scheiben schneiden. Brokkoli in Röschen teilen. Knoblauch und Zwiebel fein hacken. Pilze in Scheiben schneiden.

- Zwiebel und Knoblauch mit Currypulver anbraten. Möhren, Erbsen und Brokkoli zugeben. Mit Brühe und Kokosmilch ablöschen.

- Etwas Zitronenschale hineinreiben, mit Salz abschmecken und 10 Min. bei geschlossenem Deckel kochen. Champignons zugeben und kurz mitgaren. Stärke mit Zitronensaft anrühren und unter das Gemüsecurry rühren. Mit Salz, Pfeffer und Curry abschmecken.

Nährwerte pro Portion:
265 kcal • 10 g E • 17 g F • 19 g KH • 593 mg Ω-3-FS • 5,8 g Ba

Reich an Folsäure und B-Vitaminen

Rigatoni mit Spinat-Linsen

gelingt leicht

Für 4 Personen

45 Min.

1 kg Blattspinat • 4 mittelgroße Möhren • 2 kleine Zwiebeln • 200 g Vollkorn-Rigatoni • 100 g rote Linsen • 400 ml Gemüsebrühe • Jodsalz • Pfeffer • etwas Zitronensaft • 8 EL frisch gehackte glatte Petersilie • 4 EL griechischer Joghurt

- Spinat gründlich waschen und putzen. Möhren waschen, putzen und fein raspeln. Zwiebel abziehen und fein hacken. Rigatoni in reichlich Salzwasser kochen.

- Rote Linsen in Gemüsebrühe 8 Min. bissfest garen. Vorbereitetes Gemüse zugeben und mitgaren. Mit Salz, Pfeffer und etwas Zitronensaft abschmecken.

- Petersilie und Joghurt unterrühren. Pasta abgießen und mit den Spinat-Linsen mischen.

Nährwerte pro Portion:
625 kcal • 31g E • 6 g F /109 g KH • 504mg Ω-3-FS • 19,4 g Ba

Rigatoni mit Spinat-Linsen »

Reich an Cholin und Polyphenolen

Hirsebratlinge

gelingt leicht
Für 16 Stück
40 Min.

200 g Hirse • 400 ml Brühe • 200 g Feta • 1 kleine Zwiebel • ½ rote Paprika • 8 in Öl eingelegte getrocknete Tomaten • 2 Eier • 6 EL Sesam • 4 EL Olivenöl

- Hirse schroten und mit der Brühe aufkochen. Auf niedrige Stufe 20 Min. ausquellen lassen.
- Feta fein würfeln. Zwiebel pellen und fein hacken. Paprika waschen, putzen und fein würfeln. Öl von den Tomaten abtupfen und die Tomaten fein hacken.
- Alle Zutaten mit den Eiern zum Hirsebrei geben und gut vermengen. Mit einem Esslöffel Bratlinge abstechen und auf einen Teller mit Sesam drücken.
- In einer beschichteten Pfanne etwas Olivenöl erhitzen und die Bratlinge auf mittlerer Stufe von beiden Seiten ca. 5 Min. braten.

Nährwerte pro Stück:
145 kcal • 5g E • 9 g F • 10 g KH • 117 mg Ω-3-FS • 1,3 g Ba

Reich an Vitamin B_{12} und Vitamin E

Thunfisch-Frikadellen

gut vorzubereiten
Für 4 Personen
30 Min.

25 g Weißbrot • 2 EL Milch • 1 kleine rote Zwiebel • 2 EL Olivenöl • 500 g frischer Thunfisch • Salz • Pfeffer

- Brot in Stücke zerteilen, in Milch einweichen und zu Brei zerdrücken. Zwiebel fein hacken. 1 EL Öl erhitzen und die Zwiebel darin anbraten, bis sie weich ist.
- Thunfisch durch den Fleischwolf drehen oder kurz im Mixer zerkleinern (aber nicht zu Brei mixen!). Thunfisch, Zwiebel, Brot, etwas Salz und Pfeffer vermischen. Fischmasse in 8 gleich große Teile teilen und jeden zu einem flachen Ball formen.
- Das restliche Öl in einer Pfanne erhitzen und die Fischfrikadellen darin von beiden Seiten knusprig braun braten.

Das passt dazu: Kartoffelsalat

Nährwerte pro Portion:
345 kcal • 28 g E • 25 g F • 4 g KH • 5310 mg Ω-3-FS • 0,3 g Ba

Reich an Vitamin C und Folsäure

Spaghetti mit Lachs-Spinat-Sauce

geht schnell
Für 4 Personen
20 Min.

450 g TK-Blattspinat • 320 g Vollkorn-Spaghetti • Jodsalz • 2 EL Olivenöl • 1 rote Chilischote • 1 Knoblauchzehe • 100 ml Gemüsebrühe (Instant) • 200 g Räucherlachs • schwarzer Pfeffer • geriebene Muskatnuss • 4 EL Parmesan

- Spinat auftauen. Nudeln kochen. Abgießen und abtropfen lassen, mit 1 EL Olivenöl mischen.
- Chilischote halbieren und entkernen. Knoblauch und Chilischote klein hacken. Übriges Öl erhitzen, Chili und Knoblauch darin anbraten. Mit Brühe ablöschen. Spinat ausdrücken, dazugeben. Bei mittlerer Hitze 3 Min. dünsten.
- Räucherlachs in Streifen schneiden und zum Spinat geben. Mit Salz, Pfeffer und Muskat abschmecken. Nudeln mit Sauce mischen und mit Parmesan bestreuen.

Nährwerte pro Portion:
475 kcal • 1985 KJ • 27 g E • 15 g F • 58 g KH • 1780 mg Ω-3-FS • 6,3 g Ba

Reich an Folsäure und Cholin

Überbackener Fenchel mit Lachs

gelingt leicht
Für 4 Personen
35 Min. + 30 Min. Backzeit

600 g mehligkochende Kartoffeln • Jodsalz • 4 Fenchelknollen (à ca. 200 g) • 1 Bund Dill • 300 g Räucherlachs in Scheiben • 120 g Schmand • 1–2 EL Meerrettich (Glas) • 3 Eigelbe • 2 EL Olivenöl • Pfeffer • Muskat

- Kartoffeln waschen, schälen, vierteln und in 20–25 Min. in Salzwasser gar kochen. Fenchel waschen, putzen, Strunk keilförmig entfernen. Je 2 äußere Blätter von jedem Fenchel lösen und den Rest würfeln. Fenchel in siedendem Salzwasser 2 Min. blanchieren. Kalt abschrecken und abtropfen lassen. Dill abbrausen, die Spitzen abzupfen und klein hacken.

- Backofen auf 200 °C vorheizen. Lachs in ½ cm breite Streifen schneiden. Kartoffeln und durch die Kartoffelpresse drücken. Mit Schmand, Meerrettich, Eigelben, Olivenöl, Fenchelwürfeln und Dill verrühren. Mit Salz, Pfeffer und Muskat abschmecken. Lachs unterheben.

- Auflaufform einfetten. Schmandmasse in die Fenchelschiffchen füllen, in die Auflaufform setzen. Im Ofen 30 Min. überbacken. Mit Schmandtupfen und Dill servieren.

Variante: Schmandcreme in leicht ausgehöhlte Zucchinihälften füllen, dann wie im Rezept beschrieben backen.

Nährwerte pro Portion:
480 kcal • 25 g E • 28 g F • 31 g KH • 2570 mg Ω-3-FS • 6,4 g Ba

Reich an Zink und Vitamin B_6

Gratinierte Linsen mit Ziegenkäse

gelingt leicht
Für 4 Personen
40 Min. + 10 Min.

4 Lauchzwiebeln • 400 g Möhren • 240 g Berglinsen • 2 EL Rapsöl • 1,2 l Wasser • 12 Walnüsse • 2 EL frisch gehackter Koriander • 1 getrocknete Chilischote • 1 Msp. Kreuzkümmel • Jodsalz • Pfeffer • 2 EL Aceto Balsamico • 120 g Ziegenfrischkäse

- Lauchzwiebeln waschen, putzen und in Ringe schneiden. Möhren waschen, putzen und würfeln. Berglinsen kalt abspülen.

- Rapsöl erhitzen. Zwiebeln und Möhren darin kurz andünsten. Linsen zugeben, mit Wasser aufgießen. Aufkochen und zugedeckt bei mittlerer Hitze 30 Min. kochen lassen.

- Walnüsse fein hacken. Mit dem Koriander unter die Linsen mischen. Getrocknete Chilischote zerbröseln. Linsen mit Chili, etwas Kreuzkümmel, Salz, Pfeffer und Aceto Balsamico würzen.

- In eine Auflaufform füllen. Ziegenfrischkäse in Flöckchen daraufgeben. Im heißen Backofen auf der obersten Schiene bei 225 °C 5–10 Min. überbacken.

Nährwerte pro Portion:
370 kcal • 19 g E • 17 g F • 35 g KH • 1460 mg Ω-3-FS • 14,5 g Ba

Reich an Folsäure und Polyphenolen

Lachs im Zucchinibett

gelingt leicht
Für 4 Personen
30 Min. + 15 Min. Backzeit

4 kleine Zucchini • Jodsalz • Pfeffer • getrocknete italienische Kräuter • 2 Knoblauchzehen • 2 EL Olivenöl • 500 g Lachs mit Haut • 4 EL geriebener Parmesan

- Zucchini waschen und längs in ½ cm dünne Streifen schneiden. Mit Salz, Pfeffer und italienischen Kräutern würzen. Knoblauch abziehen und in dünne Scheiben schneiden.

- Öl in einer Pfanne erhitzen. Zucchinistreifen von beiden Seiten braten, sodass sie weich und biegsam sind. Knoblauch mitbraten.

- Lachs waschen, trocken tupfen und in 4 Streifen schneiden. Backofen auf 180 °C vorheizen.

- Eine Auflaufform einfetten und den Boden mit Zucchinistreifen einfach auslegen. Die restlichen Zucchini beiseitestellen. Die Lachsstreifen im übrigen Öl von beiden Seiten braten. Dann auf die Zucchinistreifen setzen und mit den restlichen Streifen abdecken. Mit Parmesan bestreuen und im vorgeheizten Backofen ca. 15 Min. garen.

Nährwerte pro Portion:
340 kcal • 31 g E • 23 g F • 4 g KH • 3140 mg Ω-3-FS • 1,7 g Ba

« Sesamfisch mit rotem Blumenkohl

Reich an Vitamin C und Polyphenolen

Sesamfisch mit rotem Blumenkohl

gelingt leicht
Für 4 Personen
45 Min.

1 großer Blumenkohl • 600 g Weißfischfilets (z. B. Kabeljau, Seelachs oder Rotbarsch) • 1 Eigelb • Jodsalz • weißer Pfeffer • Chiliflocken • Thymian • 50–80 g Sesam • 2 Knoblauchzehen • 4 EL Rapsöl • 150 ml Gemüsebrühe • 80 g Ajvar • 2 EL Tomatenmark • 50 g Basilikum

- Blumenkohl putzen und in leicht gesalzenem Wasser etwa 20 Min. dünsten. Kabeljau unter fließend kalten Wasser abspülen und trocken tupfen. In 4 gleich große Stücke schneiden. Mit Eigelb bestreichen und mit Salz, Pfeffer, Chiliflocken und Thymian würzen. Sesam in einen tiefen Teller geben und die Fischfilets darin wälzen. Knoblauch schälen und fein hacken. Blumenkohl abgießen und in Röschen zerteilen.

- In 2 beschichteten Pfannen je 2 EL Rapsöl erhitzen. In der einen den Kabeljau von beiden Seiten etwa 5 Min. braten und in der anderen Pfanne den Blumenkohl anbraten. Dann Gemüsebrühe, Ajvar und Tomatenmark in die Blumenkohlpfanne einrühren. Mit Salz, Pfeffer, Chiliflocken und Thymian würzen.

- Basilikum waschen, trocken schütteln, Blätter von den Stielen zupfen und fein hacken. Unter die rote Sauce heben. Sesamfisch mit rotem Blumenkohl anrichten.

Das passt dazu: Kartoffeln, Quinoa oder Hirse

Nährwerte pro Portion:
415 kcal • 40 g E • 24 g F • 9 g KH • 1690 mg Ω-3-FS • 9,7 g Ba

Reich an Vitamin C und Polyphenolen

Skrei mit Roter Bete

braucht etwas mehr Zeit

Für 4 Personen

90 Min.

- 5 mittelgroße Rote Bete
- 800 g mehligkochende Kartoffeln
- Jodsalz
- 150 ml Milch
- 50 g Butter
- 1 Prise geriebene Muskatnuss
- 2 EL Pinienkerne
- 10 Stängel krause Petersilie
- 4 Schalotten
- 1 EL Butter
- 2 EL Rapsöl
- 50 g Kapern
- 1 TL Zitronensaft
- Pfeffer
- 4 Skreifilets (à 150–180 g)

● Rote Bete im Ganzen ca. 45 Min. mit Schale in einem großen Topf in reichlich Wasser weich kochen. Abgießen, abkühlen lassen, pellen und würfeln (Gummihandschuhe schützen vor Verfärbungen).

● Für das Püree Kartoffeln gründlich waschen und in Salzwasser ca. 20 Min. kochen. Abgießen, etwas abkühlen lassen und pellen. Kartoffeln stampfen, mit Milch und Butter verrühren und mit Salz und Muskat würzen. Warm halten.

● Pinienkerne ohne Fettzugabe in einer Pfanne goldbraun anrösten. Petersilie waschen, Blätter abzupfen und hacken. Schalotten schälen und würfeln. 1 EL Butter in einer großen Pfanne erhitzen und die Schalotten anschwitzen. Rote Bete hinzufügen und 5 Min. erwärmen. Kapern hinzufügen und alles mit Zitronensaft, Salz und Pfeffer abschmecken. Das Gemüse warm halten.

● Fisch waschen, trocken tupfen und leicht salzen. In einer zweiten Pfanne in Öl auf einer Seite goldbraun anrösten, wenden und bei schwacher Hitze so lange garen, bis er gerade eben durch ist.

● Kartoffelpüree mittig auf Teller geben und jeweils 1 Skrei-Filet daraufsetzen. Drumherum das Gemüse legen. Fisch mit Pinienkernen und Petersilie bestreuen.

Nährwerte pro Portion:

555 kcal • 39 g E • 22 g F • 49 g KH • 980 mg Ω-3-FS • 7,6 g Ba

Reich an Vitamin C und Folsäure

Lachs mit Spinatsauce

gelingt leicht

Für 4 Personen

1 Std.

- 500 g Prinzessbohnen
- Jodsalz
- 400 g Möhren
- 800 g Frühkartoffeln
- 1 Bund Dill
- 600 g Lachsfilet mit Haut
- schwarzer Pfeffer
- 1 kg junger Spinat (oder alternativ im Frühjahr: Brennnesseln)
- 1 rote Zwiebel
- 4 EL Rapsöl
- 200 ml trockener Weißwein
- 1 EL gekörnte Gemüsebrühe
- 200 g saure Sahne

● Prinzessbohnen waschen, putzen und in Salzwasser ca. 5 Min. dünsten. Möhren waschen, schälen, putzen, längs vierteln und in 5 cm lange Stücke schneiden. Ebenfalls in Salzwasser ca. 8 Min. dünsten. Frühkartoffeln mit einer Bürste gründlich waschen und dann in Salzwasser ca. 20 Min. garen.

● Dill waschen, trocken schütteln und hacken. Lachsfilet unter fließend kaltem Wasser abspülen und trocken tupfen. In 4 Streifen schneiden. Mit Salz und Pfeffer würzen.

● Spinat waschen, verlesen, trocken schleudern und in feine Streifen schneiden. (Mit jungen Brennnesselblättern macht man es ähnlich: Die Blättchen von den Stielen zupfen und dann wie den Spinat blanchieren.)

● Für die Sauce die rote Zwiebel abziehen, fein hacken und in 2 EL Rapsöl andünsten. Wein, Gemüsebrühe, Sahne und fein gehackten Spinat hinzugeben. Mit Salz und Pfeffer würzen. Lachsfilets auf die Sauce legen. Darauf achten, dass die Temperatur zurückgeschaltet ist. Mit einem Deckel verschließen und ca. 10 Min. gar ziehen lassen, nicht kochen. (Der Fisch ist dann noch nicht durch. Wer ihn durchgegart haben möchte, wartet 15–20 Min.)

● Kartoffeln abgießen, vierteln und in einer Pfanne mit 1 EL Rapsöl leicht anbraten. Mit Salz und Pfeffer würzen und mit etwas Dill bestreuen. Mit dem Gemüse genauso verfahren.

● Auf einen Teller je ein Stück Lachsfilet anrichten. Kartoffeln, Gemüse und Sauce dazugeben. Alles mit Dill bestreuen.

Nährwerte pro Portion:

755 kcal • 46 g E • 37 g F • 47g KH • 4900 mg Ω-3-FS • 10,6 g Ba

Reich an Folsäure und Polyphenolen

Marokkanischer Fischeintopf

braucht etwas mehr Zeit

Für 4 Personen

70 Min.

700 g feste gehäutete Weißfischfilets (z. B. Kabeljau, Wolfsbarsch oder Seeteufel) • Salz • Pfeffer • ½ TL Kreuzkümmelsamen • ½ TL Koriandersamen • 4 Kardamomkapseln • 2 kleine Zwiebeln • 2 Knoblauchzehen • 4 EL Olivenöl • ½ TL gemahlene Kurkuma (Gelbwurz) • 1 Zimtstange • 25 Pinienkerne • 200 g Babyspinat • 40 g Sultaninen • 1 unbehandelte Zitrone • 150 ml Fischbrühe

- Fisch in 5 cm große Würfel schneiden. Mit Salz und Pfeffer würzen. Kreuzkümmel- und Koriandersamen sowie Kardamomkapseln in einem Mörser zerdrücken. Zwiebeln und Knoblauch abziehen, Zwiebeln in dünne Scheiben schneiden, Knoblauch pressen.

- Öl erhitzen und Zwiebeln 6–8 Min. sanft goldbraun braten. Knoblauch und Gewürze dazugeben und unter Rühren weitere 2 Min. sanft braten. Fischstücke im Öl wenden, bis sie gleichmäßig damit überzogen sind. Fisch und Zwiebeln in einen ofenfesten Topf geben.

- Backofen auf 160 °C aufheizen. Pinienkerne ohne Fett kurz anrösten. Spinat waschen und tropfnass mit Sultaninen und Pinienkernen zum Fisch geben. Zitronenschale abreiben und Zitrone auspressen. Brühe, Schale und -saft zum Fisch geben. Im geschlossenen Topf ca. 40 Min. im Ofen garen.

Nährwerte pro Portion:
320 kcal • 37 g E • 15 g F • 9 g KH • 727 mg Ω-3-FS • 2,3 g Ba

Reich an Vitamin B_{12} und Polyphenolen

Asia-Putenröllchen

gelingt leicht

Für 4 Personen

40 Min.

200 g Basmatireis • Jodsalz • 150 g in Öl eingelegte Paprika • 2 Chilischoten • 1 Zwiebel • 3 EL Rapsöl • 400 ml Kokosmilch • weißer Pfeffer • 4 dünne Putenschnitzel (à 140g) • 4 Holzspieße • Saft von ½ Zitrone • 200 ml Hühnerbrühe (Instant) • Zucker

- Reis nach Packungsangabe in Salzwasser kochen. Paprika abtropfen lassen und fein hacken. Chilischoten waschen und entkernen. 1 Schote würfeln, die andere in Streifen schneiden. Zwiebel abziehen, würfeln, mit Paprika und Chiliwürfeln in 1 EL Öl anbraten. 2–3 EL Kokosmilch hinzufügen und mit Salz und Pfeffer würzen.

- Schnitzel flach klopfen. Paprikapaste auf die Schnitzel streichen. Schnitzel einrollen und die Röllchen mit Holzspießchen feststecken.

- Übriges Öl erhitzen, Röllchen darin von allen Seiten anbraten. Saft, Brühe und restliche Kokosmilch angießen, mit Salz, Pfeffer und Zucker abschmecken. Chilistreifen hinzufügen und die Putenröllchen bei mittlerer Hitze etwa 5 Min. schmoren lassen.

Das passt dazu: Reis und Kokossauce

Nährwerte pro Portion:
720 kcal • 43 g E • 40 g F • 47 g KH • 873 mg Ω-3-FS • 2,6 g Ba

Asia-Putenröllchen »

Reich an Folsäure und Vitamin B_{12}

Hähnchen »Asia«

gelingt leicht

Für 4 Portionen

40 Min.

200 g Vollkornreis • 400 g Prinzessbohnen (TK) • 2 große Möhren • 2 Knoblauchzehen • 2 cm Ingwer • 600 g Hähnchenbrustfilet • 4 EL Olivenöl • Salz • weißer Pfeffer • Paprikapulver • 20 g Honig • 4 EL Sojasauce

- Reis nach Packungsanleitung zubereiten. Bohnen auftauen und in mundgerechte Stücke schneiden. Möhren waschen, putzen, schälen und fein würfeln. Knoblauchzehen abziehen und fein hacken. Ingwer schälen und fein hacken. Hähnchenfilets unter kaltem Wasser abspülen, mit Küchenkrepp trocken tupfen und in mundgerechte Streifen schneiden.

- 2 EL Öl in einer Pfanne erhitzen und die Hähnchenstreifen darin kross braten. Dabei mit Salz, Pfeffer und Paprika würzen. Wenn das Fleisch gar ist, den Honig über das Hähnchenfleisch verteilen und unter Rühren braten, sodass der Honig leicht karamellisiert. Dann das Fleisch in eine Schüssel geben und beiseitestellen.

- Das restliche Öl in dieselbe Pfanne geben. Vorbereitetes Gemüse mit Knoblauch und Ingwer anbraten. Dabei ca. 5 Min. mit Deckel garen. Wenn das Gemüse gar ist, das Fleisch hinzugeben und mit Sojasauce, Salz, Pfeffer und Paprika würzen. Reis mit allen Zutaten vermengen und auf 4 Teller verteilen.

Nährwerte pro Portion:

535 kcal • 49 g E • 13 g F • 54 g KH • 172 mg Ω-3-FS • 6,9 g Ba

Reich an Folsäure und Vitamin B_{12}

Basilikum-Hähnchen mit Spinat

gelingt leicht

Für 4 Personen

30 Min.

125 g Babyspinat • 50 g Basilikum • 250 g Vollkorn-Makkaroni • Jodsalz • 500 g Hähnchenbrustfilet • 2 EL Rapsöl • weißer Pfeffer • 1 TL Kräuter der Provence • 1 Msp. Chiliflocken • ½ TL edelsüßes Paprikapulver • 100 ml Gemüsebrühe • 2 EL Tomatenmark • 100 g Doppelrahmfrischkäse • 40 g frisch geriebener Parmesan

- Spinat gründlich waschen, verlesen und in einem Sieb abtropfen lassen. Basilikum waschen, trocken schütteln, Blätter von den Stielen zupfen und fein hacken. Makkaroni in reichlich Salzwasser kochen.

- Hähnchenbrust unter fließend kaltem Wasser abspülen und in feine Würfel oder Streifen schneiden. Öl in einer beschichteten Pfanne erhitzen. Geflügelwürfel in die Pfanne geben, kräftig mit den Gewürzen und Salz abschmecken. Wenn das Fleisch gar ist, Gemüsebrühe angießen. Tomatenmark und Frischkäse einrühren.

- Spinat grob hacken. Mit dem Basilikum dazugeben und bei geschlossenen Deckel 5 Min. ziehen lassen, sodass der Spinat zusammenfällt.

- Nudel abgießen. Unter die Sauce rühren und vor dem Servieren mit Parmesan bestreuen.

Nährwerte pro Portion:

570 kcal • 40 g E • 24 g F • 46 g KH • 708 mg Ω-3-FS • 4,5 g Ba

Reich an Zink und Vitamin C

Gänsebrust mit Walnüssen

gelingt leicht

Für 4 Personen

30 Min. + 30 Min. Backzeit

2 Gänsebrüste • Salz • Pfeffer • Majoran • 2 Zwiebeln • 2 Pastinaken • 2 Äpfel (z. B. Gravensteiner oder Cox Orange) • 30 g Walnüsse

- Backofen auf 200 °C aufheizen. Auf die Haut der Gänsebrust mit einem Küchenmesser ein Rautenmuster einritzen. Mit Salz, Pfeffer und Majoran würzen. Die Gänsebrüste mit der Fettseite nach oben in eine Form setzen.
- Zwiebeln abziehen und vierteln. Pastinaken schälen und in Stücke schneiden. Äpfel waschen, vierteln und Kerngehäuse entfernen. Zwiebeln, Pastinaken, Apfelstücke und Walnüsse zu den Gänsebrüsten geben.
- Ca. 30 Min. im Backofen garen.

Das passt dazu: Kartoffeln und Wirsinggemüse

Nährwerte pro Portion:

755 kcal • 30 g E • 60 g F • 25 g KH • 1120 mg Ω-3-FS • 4,2 g Ba

Reich an B-Vitaminen und Folsäure

Spaghetti mit Schinkenstreifen

geht schnell

Für 4 Personen

20 Min.

Jodsalz • 200 g gekochter Schinken • 4–6 Frühlingszwiebeln • ½ Bund glatte Petersilie • 320 g Spaghetti • 2 EL grobkörniger Senf • 4 EL Zitronensaft • etwas Honig • 4 EL Olivenöl • schwarzer Pfeffer

- Leicht gesalzenes Wasser zum Kochen bringen. Gekochten Schinken aufrollen und in möglichst dünne Streifen schneiden. Frühlingszwiebel und Petersilie waschen und trocken tupfen. Zwiebeln längs in feine Streifen und dann in 5 cm lange Stücke schneiden. Petersilienblättchen von den Stielen zupfen und fein hacken.
- Spaghetti nach Packungsanleitung garen. Frühlingszwiebel die letzten 3 Min. im Nudelwasser blanchieren. Aus Senf, Zitronensaft, Honig, Öl, Salz und Pfeffer ein Dressing rühren. Alle Zutaten miteinander vermengen und servieren.

Nährwerte pro Portion:

460 kcal • 21 g E • 14 g F • 62 g KH • 181 mg Ω-3-FS • 5,4 g Ba

Reich an Polyphenolen und Vitamin B_{12}

Senfkotelett mit Lauchgemüse

braucht etwas mehr Zeit

Für 4 Personen

50 Min.

3 Stangen Lauch (450 g) • Jodsalz • 4 Schweinestielkoteletts • schwarzer Pfeffer • 2 Knoblauchzehen • 2 EL Rapsöl • 100 ml Weißwein • 100 g Crème fraîche • 2 EL Senf • 2 EL frisch gehackter Dill

- Lauch in 3–4 cm lange Stücke schneiden. In leicht gesalzenem Wasser ca. 10 Min. blanchieren.
- Koteletts unter fließend kaltem Wasser abspülen, trocken tupfen und den Fettrand etwas einschneiden. Salzen und pfeffern. Knoblauch fein hacken. Lauch abgießen und abtropfen lassen.
- Öl erhitzen. Koteletts von beiden Seiten anbraten. Wein und Crème fraîche einrühren. Mit Senf, Salz und Pfeffer abschmecken. Den Lauch hinzugeben und darin erwärmen. Zum Schluss mit Dill bestreuen.

Nährwerte pro Portion:

405 kcal • 43 g E • 22 g F • 6 g KH • 708 mg Ω-3-FS • 2,8 g Ba

Reich an Vitamin B_6 und Folsäure

Kotelett mit Brokkolifüllung

gut vorzubereiten

Für 4 Portionen

45 Min.

4 Schweinekoteletts (à ca. 200 g) • 200 g Brokkoli • Jodsalz • 2 Zwiebeln • 50 g durchwachsener Speck • geriebene Muskatnuss • Pfeffer • 1 Eigelb • 4 Holzspieße • 2 EL Rapsöl • 1 EL Butter • 2 rote Paprika • 2 EL gemischte Kräuter (frisch oder TK)

- Koteletts abbrausen und trocken tupfen. Mit einem spitzen Messer waagerecht eine Tasche bis zum Knochen schneiden (oder beim Kauf den Metzger darum bitten). Brokkoli putzen, waschen und in Salzwasser 1–2 Min. vorkochen. Kalt abschrecken und fein hacken.

- Zwiebeln abziehen. Speck und Zwiebeln fein würfeln. Speck in einer Pfanne auslassen, die Hälfte der Zwiebelwürfel dazugeben, kurz mitbraten. Pfanne vom Herd ziehen. Brokkoli zur Zwiebelmischung geben, mit Muskat, Salz und Pfeffer würzen. Eigelb unterrühren.

- Koteletts mit der Masse füllen, Fleisch mit Holzspießen feststecken. Öl und 1 EL Butter erhitzen. Koteletts darin 10–15 Min. bei mittlerer Hitze braten.

- Paprika putzen, waschen und würfeln. Übrige Zwiebelwürfel mit den Koteletts dünsten. Paprika zugeben, salzen und pfeffern. 5 Min. dünsten. Koteletts herausnehmen. Bratensatz mit etwas Wasser losköcheln. Kräuter unterrühren und abschmecken.

Nährwerte pro Portion:

420 kcal • 50 g E • 21 g F • 8 g KH • 723 mg Ω-3-FS • 5 g Ba

Reich an Vitamin B_6 und Polyphenolen

Schweinesteak mit Kürbis

preisgünstig

Für 4 Portionen

30 Min.

2 TL Senfkörner • 1/4 TL Jodsalz • 500 g Kürbis • 4 Schweinenackensteaks (à 180 g) • 15 g Butter • 2 EL Rapsöl • 1 EL gehackter Salbei • 150 ml Gemüsebrühe • 100 g Crème fraîche

- Senfkörner in einer kleinen Pfanne sanft rösten, bis sie beginnen zu platzen. Dann im Mörser mit dem Salz etwas zerstoßen. Harte Schale vom Kürbis abschneiden, Kerne herauslösen und das Fruchtfleisch in dicke Scheiben schneiden. Steaks abbrausen, mit Küchenpapier trocken tupfen und die Oberseiten mit Salz und Senfkörnern einreiben.

- Butter und Öl in einer Pfanne erhitzen und die Kürbisstücke auf beiden Seiten goldbraun und gar braten. Auf einer Platte warm halten.

- Die Steaks in derselben Pfanne mit der gewürzten Seite nach unten in 6–8 Min. goldbraun braten. Wenden, Salbei und Brühe dazugeben und weitere 6–8 Min. sanft köcheln lassen, bis das Fleisch gar ist. Warm halten.

- Die Crème fraîche in die Pfanne geben. Unter Rühren aufkochen, etwas eindicken lassen und abschmecken. Mit Steaks und Kürbis servieren.

Nährwerte pro Portion:

575 kcal • 34 g E • 46 g F • 7 g KH • 1130 mg Ω-3-FS • 3 g Ba

Kotelett mit Brokkolifüllung »

SÜSSES UND GEBÄCK

Reich an Folsäure und Polyphenolen

Basilikumquark mit Aprikosen

gelingt leicht

Für 4 Personen

⏲ 25 Min. + 1 Std. Kühlzeit

2 Blatt weiße Gelatine • 2 unbehandelte Zitronen • 6 Stiele Basilikum • 250 g Sahnequark • 60 g Zucker • 3 Eiweiß • 1 Prise Salz • 400 g Aprikosen • nach Bedarf: 60 g Zucker

- Für die Mousse Gelatine in kaltem Wasser einweichen. Zitronenschalen abreiben, Zitronen auspressen. Zusammen mit der Hälfte des Zuckers erhitzen. Gelatine leicht ausdrücken und im warmen Zitronensaft ganz auflösen.

- Basilikum waschen und trocken tupfen. Blätter von den Stielen zupfen. Einige Blättchen für die Dekoration beiseitelegen. Die übrigen mit Quark und der Geliermasse fein pürieren.

- Eiweiß mit Salz steif schlagen. Dabei nach und nach den restlichen Zucker unterrühren. Den Eischnee vorsichtig unter die Quarkmasse heben. In Portionsgläser füllen und im Kühlschrank mindestens 1 Std. fest werden lassen.

- Für die Sauce die Aprikosen waschen, von den Steinen befreien und pürieren. Bei Bedarf Zucker zugeben. Die Fruchtsauce auf die Mousse geben, mit Basilikumblättchen dekorieren und servieren.

Nährwerte pro Portion:

285 kcal • 12 g E • 7 g F • 40 g KH • 45 mg Ω-3-FS • 1,6 g Ba

Reich an Polyphenolen und Vitamin C

Rote Grütze mit Vanillesauce

gelingt leicht

6–8 Portionen

20 Min. + 1 Std. Kühlzeit

1 kg Beerenobst (frisch oder TK) • 2 EL Zucker • ¼ TL Zimt • 1 TL Vanillemark • 20 g Stärke • ½ Päck. Vanillepuddingpulver zum Kochen • 500 ml Milch • 2 EL Zucker • ¼ TL Vanillemark

- Beerenobst kalt abbrausen, abtropfen und putzen. Mit Zucker, Zimt und Vanillemark aufkochen. Stärke mit etwas Wasser anrühren. Unter Rühren zu den kochenden Früchten geben und einmal aufkochen lassen. Rote Grütze auf Portionsschälchen verteilen und kalt werden lassen.

- Puddingpulver mit etwas Milch anrühren. Die restliche Milch zum Kochen bringen. Das angerührte Pulver unter die Milch rühren, dabei weiterrühren. Ca. 1 Min. unter Rühren kochen lassen, dann Zucker und Vanillemark zugeben. Warm oder kalt servieren.

Nährwerte pro Portion:
135 kcal • 4 g E • 3 g F • 22 g KH • 162 mg Ω-3-FS • 2,9 g Ba

Reich an Folsäure und Polyphenolen

Obstsalat »Grün-Orange«

braucht etwas mehr Zeit

Für 4 Personen

15 Min. + 1 Std. Ziehzeit

3 Kiwis • 2 Orangen • 1 Blutorange • 1 rosa Grapefruit • 1 EL Blütenhonig • 2 EL Kokoschips

- Kiwis schälen und in Scheiben schneiden. Orangen und Grapefruit waschen, trocknen und mit einem Messer schälen. Zuerst die Schale am Blüten- und Stielansatz wegschneiden. Dann die Frucht auf ein Brett stellen und seitlich die Schale so abschneiden, dass die weiße Haut ebenfalls entfernt wird. Den dabei austretenden Saft auffangen.

- Fruchtfilets mit einem scharfen Messer aus den weißen Trennhäuten scheiden. Die Filets der Grapefruit evtl. halbieren.

- Kiwischeiben und Fruchtfilets mit dem aufgefangenen Saft in eine Schüssel geben. Mit Honig abschmecken und ca. 1 Std. durchziehen lassen. Kurz vor dem Servieren mit den Kokoschips garnieren.

Nährwerte pro Portion:
120 kcal • 2 g E • 2 g F • 19 g KH • 55 mg Ω-3-FS • 4,9 g Ba

Reich an Vitamin C und Polyphenolen

Knusper-Joghurt mit Apfelmus

preisgünstig

Für 4 Personen

30 Min.

1 EL Rapsöl • 50 g gehackte Mandeln • 1 EL Mohn • 80 g Haferflocken • 3 EL Honig • 150 g Apfelmus (Glas) • 300 g Joghurt, 1,5 % Fett

- Öl in einer Pfanne erhitzen. Mandeln, Mohn und Haferflocken darin anrösten. Honig darüber verteilen. Mix unter Rühren weiterbräunen, bis sich der Honig aufgelöst hat. Die Mischung auf einem Teller auskühlen lassen.

- In ein Dessertglas 1 EL Apfelmus geben, 2 EL Joghurt darauf verteilen und mit 1 EL Knusperflocken bestreuen. Danach erneut Mus und Joghurt in das Glas schichten und mit den restlichen Flocken bestreuen. Die anderen Gläser genauso füllen und servieren.

Nährwerte pro Portion:
255 kcal • 9 g E • 13 g F • 26 g KH • 252 mg Ω-3-FS • 4,4 g Ba

Reich an Polyphenolen und Vitamin E

Cranberry-Powerkugeln

gut vorzubereiten

Für 30 Kugeln

25 Min. + Kühlzeit über Nacht

150 g getrocknete Cranberrys • 1 reife Banane • 100 g Kokosmehl • 100 g gemahlene Mandeln • 2 EL Tahin • 2 EL Zuckerrübensirup • Kakao zum Wälzen • Puderzucker zum Bestäuben

- Cranberrys in einem Mixer fein pürieren. Banane dazugeben und erneut pürieren. Kokosmehl, Mandeln, Tahin und Zuckerrübensirup unterrühren. So lange vermengen, bis eine homogene Masse entsteht.
- Aus der Masse ca. 30 walnussgroße Kugeln formen. In Kakao wälzen und über Nacht abgedeckt im Kühlschrank ruhen lassen.
- Vor dem Servieren mit Puderzucker bestäuben.

Nährwerte pro Kugel:
65 kcal • 1 g E • 4 g F • 6 g KH • 4 mg Ω-3-FS • 1,1 g Ba

« Cranberry-Powerkugeln

Reich an Vitamin C und Polyphenolen

Pfirsich unter der Haube

gelingt leicht

Für 4 Personen

30 Min. + 20 Min. Backzeit

4 Pfirsiche (600 g) • 50 g Hanfmehl • 50 g Haferflocken • 75 g Zucker • ½ TL Kardamom oder Zimt • 75 g Butter

- Pfirsiche waschen und enthäuten. Halbieren, Stein entfernen und in Spalten schneiden.
- Backofen auf 180 °C vorheizen. Eine kleine Auflaufform mit Butter einstreichen, die Pfirsichspalten darauf verteilen.
- Hanfmehl, Haferflocken, Zucker und Zimt vermengen. Butter in Flöckchen dazugeben und alles zu Krümeln verkneten.
- Die Krümel auf die Pfirsiche geben und bei 180 °C auf der mittleren Schiene ca. 20 Min. backen. Lauwarm servieren.

Das passt dazu: Schlagsahne oder Vanillesauce

Nährwerte pro Portion:
385 kcal • 6 g E • 23 g F • 40 g KH • 94 mg Ω-3-FS • 4,2 g Ba

Reich an Polyphenolen und Vitamin C

Bratäpfel mit Marzipanfüllung

braucht etwas mehr Zeit

Für 4 Personen

10 Min. + 30 Min. Bratzeit

4 Äpfel (z. B. Boskop) • 2 TL Zitronensaft • 40 g Marzipanrohmasse • 1 EL Chiasamen • ½ TL Zimt • 10 g Butter

- Backofen auf 180 °C vorheizen. Äpfel waschen, abtrocknen und mit einem Apfelausstecher die Kerngehäuse, Blüten und Stiele entfernen. Äpfel von innen mit Zitronensaft beträufeln, außen die Schale mehrfach mit einer Gabel einstechen und in eine eingefettete Auflaufform setzen.
- Für die Füllung Marzipan mit Chiasamen und Zimt verkneten und in die Bratäpfel füllen. Auf jeden Bratapfel eine Prise Zimt streuen und jeweils ein Butterflöckchen setzen. Die Bratäpfel auf der mittleren Schiene 30 Min. backen, bis sie weich sind.

Nährwerte pro Portion:
165 kcal • 2 g E • 6 g F • 26 g KH • 24,7 mg Ω-3-FS • 3,8 g Ba

Reich an Polyphenolen und Vitamin E

Power-Hanfriegel

gut vorzubereiten

Für 10 Riegel

20 Min. + 25 Min. Backzeit

3 Tassen Haferflocken • 1 Tasse Hanfsamen • 75 g dunkle Schokolade (mind. 75 % Kakaoanteil) • 60 g Walnüsse • 1 EL Kakaopulver • 1 Prise Vanillemark • 1 Prise Jodsalz • 3 Eier • 60 ml Walnussöl • 40–60 ml Ahornsirup

● Ofen auf 160 °C vorheizen. Hanfsamen, dunkle Schokolade und Walnüsse hacken. Alle trockenen Zutaten in eine Schüssel geben und grob vermengen. Eier, Öl und Ahornsirup dazugeben und vermischen.

● Eine mindestens 2 cm tiefe Backform leicht einfetten. Die Schokoladen-Müsli-Masse hineingeben, 2 cm hoch stehen lassen. Es macht nichts, wenn die Masse die Backform nicht vollständig ausfüllt.

● Müsliriegel ca. 25 Min. auf der mittleren Schiene backen. Lauwarm in Riegel schneiden.

Nährwerte pro Riegel:
345 kcal • 11 g Eiweiß • 22 g F • 26 g KH • 1390 mg Ω-3-FS • 4,6 g Ba

Reich an Vitamin B_6 und Vitamin E

Mandel-Brownies

gelingt leicht

Für 20 Stück

30 Min. + 20 Min. Backzeit + mind. 3 Std. Kühlzeit

80 ml Rapsöl • 2 Eier • 150 g Zucker • 75 g Dinkelvollkornmehl • 30 g Back-Kakao • 1 Prise Salz • ½ TL Vanillemark • 50 g Butter • 75 g Zucker • 75 ml Sahne, 30 % Fett • 100 g Mandelblättchen

● Backofen auf 200 °C vorheizen. Rapsöl mit Eiern und Zucker schaumig schlagen. Mehl, Kakao, Salz und Vanillemark vermengen. Unter die Masse rühren. Den homogenen Teig in ein Backblech (ca. 20 × 20 cm) füllen und ca. 10 Min. auf der mittleren Schiene backen.

● Butter schmelzen, Zucker einrühren und karamellisieren lassen. Sahne und Mandelblättchen unterheben und einige Minuten köcheln lassen. Die Mandelmasse auf dem Kuchen verteilen. Weitere 10 Min. backen. Komplett auskühlen lassen, mind. 3 Std. in den Kühlschrank stellen und erst danach in Quadrate schneiden.

Nährwerte pro Stück:
165 kcal • 3 g E • 11 g F • 14 g KH • 375 mg Ω-3-FS • 1,3 g Ba

Reich an Polyphenolen und Vitamin E

Mandelküchlein

preisgünstig

Für 6–8 Stück

20 Min. + 20 Min. Backzeit

4 Eier • 120 g Puderzucker • 175 g gemahlene Mandeln • 1 TL Vanillemark • abgeriebene Schale von 1 Zitrone • 1 Prise Salz • 1 Msp. Zimt • Puderzucker zum Bestreuen

● Backofen auf 180 °C vorheizen. Eier trennen. Eiweiße steif schlagen. Eigelbe und Zucker schaumig rühren. Mandeln, Vanillemark, Zitronenschale und Salz unterheben. Mit Zimt abschmecken.

● Zum Schluss den steifen Eischnee unterheben. Den Teig auf 6–8 Muffinförmchen verteilen. Ca. 20 Min. auf der mittleren Schiene backen. Herausnehmen, abkühlen lassen und mit Puderzucker bestäuben.

Nährwerte pro Stück:
265 kcal • 10 g E • 16 g F • 19 g KH • 64 mg Ω-3-FS • 2,8 g Ba

Reich an Polyphenolen und Vitamin B_{12}

Dunkle Käse-Himbeer-Muffins

gelingt leicht

Für 6–8 Stück

30 Min. + 20 Min. Backzeit

50 g Dinkelvollkornmehl • 50 g Buchweizenmehl • 80 g brauner Zucker • 15 g Kakaopulver • ½ TL Backpulver • 120 ml Milch, 1,5 % Fett • 50 g Rapsöl • 1 Ei • 50 g gehackte Walnüsse • 150 g Magerquark • 30 g Zucker • 1 Eigelb • ½ Päck. Vanillepuddingpulver zum Kochen • ½ TL Vanillemark • 120 g Himbeeren

- Backofen auf 200 °C vorheizen. Dinkel- und Buchweizenmehl, Zucker, Kakao und Backpulver mischen. Milch, Rapsöl und Ei verrühren. Die Mehlmischung und die Walnüsse unter die Eimischung heben.
- Muffinformen einfetten oder mit Papierförmchen auskleiden. Teig einfüllen. Für die Käsemasse den Magerquark mit Zucker, Eigelb, Puddingpulver und Vanillemark kräftig verrühren. Je 1 EL Käsemasse auf den Teig geben und 3–4 Himbeeren pro Muffin hinzufügen.
- Die Muffins auf der mittleren Schiene ca. 20 Min. backen. 5 Min. in der Form ruhen lassen, dann mit einem Messer aus der Form lösen.

Nährwerte pro Stück (bei 7 Stück):
295 kcal • 8 g E • 15 g F • 32 g KH • 1380 mg Ω-3-FS • 2,5 g Ba

Reich an Cholin und Vitamin E

Möhrenkuchen

preisgünstig

Für 8 Stücke

40 Min. + 45 Min. Backzeit

150 g Möhren • 100 ml Rapsöl • 2 Eier • 75 g Ahornsirup • 1 Prise Jodsalz • 100 g Weizenvollkornmehl • 1 TL Backpulver • 1 TL Zimt • 80 g gemahlene Walnüsse

- Möhren waschen, putzen, schälen und auf der Rohkostreibe fein reiben. Öl mit Eiern und Ahornsirup schaumig schlagen.
- Backofen auf 200 °C (Umluft 170 °C; Gas Stufe 3) vorheizen. Zwischen Boden und Rand einer Springform (ca. 18 cm ∅) Backpapier einspannen. Rand einfetten.
- Mehl mit Backpulver und Zimt mischen. Mit Walnüssen und geriebenen Möhren unter die Masse heben.
- Teig in die Springform füllen und sofort auf der mittleren Schiene ca. 45 Min. backen. Kuchen auskühlen lassen und aus der Springform lösen.

Nährwerte pro Stück:
275 kcal • 5 g E • 21 g F • 16 g KH • 2120 mg Ω-3-FS • 2,3 g Ba

Tipp Schmeckt lecker mit einem Topping. Dafür 100 g Doppelrahmfrischkäse und 2 EL Schlagsahne mit den Schneebesen des Handrührgerätes glatt rühren. 50 g Puderzucker hinzufügen und dickcremig aufschlagen. Nach dem Backen oben auf den Kuchen streichen. In Stücke schneiden und mit Zitronenmelisse verzieren.

Reich an Vitamin B_6 und Polyphenolen

Zwetschen-Kokos-Kuchen

preisgünstig

Für 8 Stücke

⏲ 30 Min. + 30 Min. Backzeit

500 g Zwetschen • 125 g Margarine mit Rapsöl • 2 Eier • 100 g Zucker • 1 TL Vanillemark • 1 Prise Jodsalz • 100 g Weizenvollkornmehl • 75 g Kartoffelmehl • 75 g Kokosmehl • 5 EL Milch, 3,5 % Fett • 1 TL Zimt • 2 EL brauner Zucker

- Zwetschen entsteinen. Margarine mit Eiern, Zucker und Vanillemark schaumig schlagen. Backofen auf 180 °C (Umluft 160 °C; Gas Stufe 3) vorheizen.

- Eine Springform (20 cm) mit Backpapier auskleiden. Den Rand einfetten. Die Mehle mischen. Zusammen mit der Milch unter die Masse heben.

- Teig in die Springform füllen. Zwetschen dachziegelartig darauf verteilen. Mit Zimt und Zucker bestreuen. Auf der mittleren Schiene ca. 30 Min. backen.

Nährwerte pro Stück:

350 kcal • 4 g E • 21 g F • 37 g KH • 326 mg Ω-3-FS • 4,1 g Ba

Reich an Vitamin B_6 und Polyphenolen

Bananen-Dinkel-Kuchen

gelingt leicht

Für 8–12 Stücke

⏲ 20 Min. + 25 Min. Backzeit

1 EL brauner Zucker • Jodsalz • Zimt • 3 mittelgroße Bananen • 1 Ei • 60 g Milch • 4 EL Rapsöl • 100 g Zucker • 150 g Dinkelvollkornmehl • 1 TL Backpulver

- Springform (20 cm Ø) mit Backpapier auskleiden und die Ränder mit Öl einpinseln. Backofen auf 175 °C vorheizen.

- Auf dem Springformboden den braunen Zucker verteilen. Salzen und mit Zimt bestäuben. Bananen schälen und längs halbieren. Mit den Schnittflächen nach unten auf den Boden legen.

- Ei mit Milch, Öl und Zucker schaumig schlagen. Mehl und Backpulver unterrühren. Teig auf den Bananen verteilen und den Kuchen auf der mittleren Schiene ca. 20 Min. backen.

Nährwerte pro Stück (bei 10 Stück):

175 kcal • 3 g E • 5 g F • 28 g KH • 364 mg Ω-3-FS • 2 g Ba

Reich an Vitamin C und Vitamin E

Beeren-Kartoffel-Kuchen

gelingt leicht

Für 10 Stücke

⏲ 30 Min. + 45 Min. Backzeit

3 gekochte, mittelgroße mehligkochende Kartoffeln • 3 Eier • 150 g Zucker • 75 ml Rapsöl • 100 g gemahlene Walnüsse • 40 g Kartoffelstärke • 250 g Beerenmischung, Himbeeren oder Kirschen (TK)

- Kartoffeln fein reiben. Backofen auf 175 °C vorheizen.

- Eier mit Zucker verrühren, bis eine weiße schaumige Masse entsteht. Öl hinzufügen. Kartoffelraspel mit Walnüssen, Stärke und Backpulver vermengen und unter die Masse rühren.

- Eine Springform (18–20 cm Ø) mit Backpapier auslegen und den Rand einfetten. Teig einfüllen. Tiefgekühlte Früchte angetaut auf dem Teig verteilen und ca. 45 Min. auf der mittleren Schiene backen.

Nährwerte pro Stück:

265 kcal • 5 g E • 16 g F • 25 g KH • 1720 mg Ω-3-FS • 1,3 g Ba

Beeren-Kartoffel-Kuchen »

Reich an Cholin und Vitamin B_6

Müsli-Stangen

braucht etwas mehr Zeit
Für 12 Stangen
1 Std. + 30 Min. Backzeit

400 g Mehl • 300 g Früchtemüsli (ohne Zuckerzusatz) • 2 Päck. Trockenhefe • 1 TL Salz • 2 EL Zucker • 250 ml Milch • 100 g Butter • 100 g Quark • 2 Eier

- Mehl, Früchtemüsli, Trockenhefe, Salz und Zucker in eine Schüssel geben. Milch erwärmen, mit Butter, Quark und Eiern dazugeben. Erst unterrühren, dann zu einem Teig verkneten. An einem warmen Ort gehen lassen, bis sich sein Volumen verdoppelt hat.

- Teig in 12 Portionen teilen und zu Stangen formen. Tiefe Furchen einschneiden und erneut gehen lassen. Auf der mittleren Schiene im vorgeheizten Backofen bei 180 °C in ca. 20 Min. goldbraun backen.

Nährwerte pro Stange:
305 kcal • 9 g E • 11 g F • 42 g KH • 88 mg Ω-3-FS • 3,4 g Ba

« Müsli-Stangen

Reich an Polyphenolen und Vitamin B_6

Zucchini-Brötchen

preisgünstig
Für 12 Stück
20 Min. + 60 Min. Gehzeit + 20 Min. Backzeit

400 g Zucchini • 450 g Weizenmehl, Type 1050 • 1 Päck. Trockenhefe • 1 TL Salz • 2 EL Rapsöl

- Zucchini waschen, grob in Stücke schneiden, in ein hohes Gefäß geben und zu einem feinen Brei pürieren.

- Mehl, Trockenhefe und Salz mit dem Zucchinibrei vermengen. Rapsöl einrühren und den Teig kräftig kneten. Ca. 30 Min. gehen lassen, bis sich sein Volumen verdoppelt hat.

- Aus dem Teig ca. 12 runde Brötchen formen und auf einem Backblech anordnen. Die Brötchen mit einem Handtuch bedeckt weitere 30 Min. gehen lassen.

- Den Backofen auf 180 °C vorheizen. Die Brötchen auf mittlerer Schiene ca. 20 Min. backen.

Nährwerte pro Stück:
150 kcal • 5 g E • 2 g F • 26 g KH • 191 mg Ω-3-FS • 2,3 g Ba

Reich an Vitamin B_6 und Zink

Dinkel-Amarant-Brötchen

braucht etwas mehr Zeit
Für 12 Brötchen
30 Min. + 60 Min Gehzeit + 20 Min. Backzeit

250 g Dinkelvollkornmehl • 150 g Amaranth, frisch gemahlen • 250 g Dinkelmehl, Type 630 • 1 EL Salz • 1 Päck. Trockenhefe • 1 TL Zucker • 50 g Leinsamen • 400 ml lauwarmes Wasser

- Alle Zutaten in eine Schüssel geben und zu einer Teigkugel verkneten. Den Teig mind. 30 Min. gehen lassen, bis sich sein Volumen verdoppelt hat.

- Aus dem Teig 12 runde Brötchen formen und auf einem Backblech anordnen. Die Brötchen mit einem Handtuch bedeckt weitere 30 Min. gehen lassen.

- Backofen auf 180 °C vorheizen. Brötchen auf der mittleren Schiene ca. 20 Min. backen.

Das passt dazu: besonders lecker mit Frischkäse und geräuchertem Lachs.

Nährwerte pro Stück:
205 kcal • 7 g E • 3 g F • 36 g KH • 876 mg Ω-3-FS • 4,4 g Ba

Reich an Vitamin B_6 und Polyphenolen

Kräuter-Brötchen

braucht etwas mehr Zeit

Für 6 Brötchen

10 Min. + 1 Std. Gehzeit + 20 Min. Backzeit

100 g Dinkelvollkornmehl • 180 g Dinkelmehl, Type 630 • ½ Päck. Trockenhefe • 1 TL Zucker • ½ TL Salz • 8 g getrocknete Salatkräuter • 120 ml Milch • 90 g Butter • 1 Ei • 2 EL Sesam

- Beide Mehlsorten, Trockenhefe, Zucker, Salz und Kräuter in einer Rührschüssel mischen. Milch erwärmen und mit der Butter hinzufügen.

- Alles mit Knethaken eines Mixers in ca. 5 Min. zu einem Teig kneten. Den Teig an einem warmen Ort zugedeckt so lange gehen lassen, bis sich sein Volumen sichtbar vergrößert hat.

- Ein Blech mit Backpapier auslegen. Backofen auf 180 °C vorheizen. Aus dem Teig 6 gleichgroße Kugeln formen. Ei verschlagen, die Kugeln damit bestreichen und mit Sesam bestreuen. Zugedeckt nochmals so lange gehen lassen, bis sie sich sichtbar vergrößert haben.

- Auf der mittleren Schiene bei 180 °C ca. 20 Min. backen. Herausnehmen und auf einem Kuchengitter auskühlen lassen.

Nährwerte pro Stück:

315 kcal • 8 g E • 17 g F • 32 g KH • 121 mg Ω-3-FS • 3,6 g Ba

Reich an Vitamin E und Polyphenolen

Oliven-Baguettebrötchen

braucht etwas mehr Zeit

Für 8 Brötchen

10 Min. + 1 Std. Gehzeit + 25 Min. Backzeit

150 g Weizenmehl, Type 550 • 250 g Roggenmehl, Type 1150 • 100 g Maismehl • 1 Päck. Trockenhefe • 1 EL Zucker • 6 EL Olivenöl • ¼ l lauwarmes Wasser • 1 TL Salz • 1 TL fein gehackte Rosmarinnadeln • 150 g grob gehackte schwarze Oliven • 3 EL frisch geriebener Parmesan

- Die verschiedenen Mehle in eine Schüssel geben. Hefe und Zucker hinzufügen. Olivenöl und lauwarmes Wasser angießen. Salz, Rosmarin und Oliven hinzufügen. Alles zu einen geschmeidigen Teig kneten. Den Teig an einem warmen Ort gehen lassen, bis sich sein Volumen verdoppelt hat.

- Aus dem Teig 8 gleichgroße Brötchen formen. Alle Brötchen quer 5 cm lang und ca. 1 cm tief einschneiden. Den Backofen auf 200 °C vorheizen. Ein Backblech mit Backpapier auslegen.

- Die Baguettebrötchen daraufsetzen und noch weitere 15 Min. gehen lassen. Mit Parmesan bestreuen. Auf der mittleren Schiene ca. 25 Min. backen.

Nährwerte pro Stück:

315 kcal • 7 g E • 11 g F • 45 g KH • 120 mg Ω-3-FS • 5,1 g Ba

Reich an Vitamin E und Polyphenolen

Kerniges Apfel-Roggenmischbrot

braucht etwas mehr Zeit

Für 25 Scheiben

1 Std. + 45 Min. Backzeit

100 g getrocknete Apfelringe (soft) • 150 g Weizenmehl, Type 550 • 150 g Roggenmehl, Type 1150 • ½ Päck. getrockneter Sauerteigextrakt (15 g) • ½ Päck. Trockenbackhefe • 50 g verschiedene Kerne (z. B. Sonnenblumen-, Pinien- und Kürbiskerne) • ½ TL gemahlener Koriander • 2 TL Flohsamen • ½ TL Salz • 330 ml lauwarmes Wasser • 2 EL Wasser zu Bestreichen

- Apfelringe klein schneiden. Beide Mehlsorten, Sauerteigextrakt und Trockenbackhefe sowie Kerne, Apfelstücke, Koriander, Flohsamen und Salz in eine Rührschüssel geben. Das lauwarme Wasser hinzufügen. Alles mit den Knethaken eines Mixers kurz auf niedrigster, dann auf mittlerer Stufe in etwa 5 Min. zu einem glatten Teig verkneten.

- Teig zugedeckt an einem warmen Ort so lange gehen lassen, bis sich sein Volumen sichtbar vergrößert hat. Kastenform (ca. 20 × 11 cm) fetten. Backofen auf 180 °C vorheizen.

- Teig in die Form geben und zugedeckt an einem warmen Ort nochmals so lange gehen lassen, bis er sich sichtbar vergrößert hat. Oberfläche mit Wasser bestreichen und auf der mittleren Schiene ca. 45 Min. backen. Das Brot aus der Form lösen, auf einen Kuchenrost stürzen und erkalten lassen.

Nährwerte pro Scheibe:
65 kcal • 2 g E • 1 g F • 11 g KH • 95 mg Ω-3-FS • 1,4 g Ba

Reich an Cholin und Vitamin B_6

Walnuss-Maronen-Brot

braucht etwas mehr Zeit

Für 25 Scheiben

1 Std. + 40 Min. Backzeit

200 g Kamut- oder Emmervollkornmehl • 250 g Roggenvollkornmehl • 50 g Weizenmehl, Type 550 • 15 g getrockneter Sauerteigextrakt • ½ Päck Trockenhefe • 1 TL Salz • 2 EL Zucker • 100 g grob gehackte Walnüsse • 100 g gehackte gekochte Maronen • 500 ml Buttermilch

- Die drei Mehlsorten, Sauerteigextrakt und Trockenbackhefe sowie Salz, Zucker, Walnüsse und Maronen in eine große Rührschüssel geben und mischen. Die Buttermilch erwärmen und hinzufügen. Alles mit den Knethaken eines Mixers in ca. 5 Min. zu einem Teig kneten. Den Teig an einem warmen Ort zugedeckt so lange gehen lassen, bis sich sein Volumen sichtbar vergrößert hat.

- Kastenform (ca. 20 × 11 cm) einfetten. Backofen auf 200 °C vorheizen. Den Teig in der Form glatt streichen, zugedeckt nochmals so lange gehen lassen, bis sich sein Volumen sichtbar vergrößert hat. Dann die Form auf dem Rost in den Backofen schieben. Das Brot ca. 40 Min. auf der unteren Schiene backen. Herausnehmen, kurz in der Form stehen lassen, dann aus der Form lösen und auf einem Kuchenrost erkalten lassen.

Nährwerte pro Scheibe:
85 kcal • 3 g E • 3 g F • 11 g KH • 413 mg Ω-3-FS • 1,9 mg Ba

Kerniges Apfel-Roggenmischbrot »

Service

Interessante Links

www.alzheimer-forschung.de

www.deutsche-alzheimer.de

www.surrey.ac.uk/features/how-diet-can-reduce-risk-dementia

www.diet-body-brain.de/home.html

Zum Nach- und Weiterlesen

Allgemeine Informationen
Alzheimer's Disease International (2015). World Alzheimer Report 2015. The global impact of dementia. An analysis of prevalence, incidence, cost and trends. London.

Mediterrane Kost Scarmeas N, Stern Y & Mayeux R (2009) Mediterranean diet and mild cognitive impairment. Arch Neurol 66, 216–225.

Feart C, Samieri C, Rondeau V et al. (2009) Adherence to a Mediterranean diet, cognitive decline, and risk of dementia. JAMA 302, 638–648.

Tangney CC, Kwasny MJ, Li H et al. (2011) Adherence to a Mediterranean-type dietary pattern and cognitive decline in a community population. Am J Clin Nutr 93, 601–607.

Scarmeas N, Stern Y, Mayeux R et al. (2006) Mediterranean diet, Alzheimer disease, and vascular mediation. Arch Neurol 63, 1709–1717.

Martínez-Lapiscina EH: Mediterranean diet improves cognition: the PREDIMED-NAVARRA randomised trial. J Neurol Neurosurg Psychiatry. 2013 Dec;84(12):1318–25. doi: 10.1136/jnnp-2012–304792. Epub 2013 May 13.

Valls-Pedret C et al: Mediterranean Diet and Age-Related Cognitive Decline: A Randomized Clinical Trial. JAMA Intern Med. 2015 Jul;175(7):1094–103. doi: 10.1001/jamainternmed.2015.1668.

Papadaki A, Martínez-González MÁ, Alonso-Gómez A, Rekondo J, Salas-Salvadó J, Corella D, Ros E, Fitó M, Estruch R, Lapetra J, García-Rodriguez A, Fiol M, Serra-Majem L, Pintó X, Ruiz-Canela M, Bulló M, Serra-Mir M, Sorlí JV, Arós F. Mediterranean diet and risk of heart failure: results from the PREDIMED randomized controlled trial. Eur J Heart Fail. 2017 Jan 30. doi: 10.1002/ejhf.750. [Epub ahead of print]

Amor AJ, Serra-Mir M, Martínez-González MA, Corella D, Salas-Salvadó J, Fitó M, Estruch R, Serra-Majem L, Arós F, Babio N, Ros E, Ortega E. PREDIMED Investigators . Prediction of Cardiovascular Disease by the Framingham-REGICOR Equation in the High-Risk PREDIMED Cohort: Impact of the Mediterranean Diet Across Different Risk Strata. J Am Heart Assoc. 2017 Mar 13;6(3). pii: e004803. doi: 10.1161/JAHA.116.004803.

CAIDE-Studie Vuorinen M, Solomon A, Rovio S, Nieminen L, Kåreholt I, Tuomilehto J, Soininen H, Kivipelto M. Changes in vascular risk factors from midlife to late life and white matter lesions: a 20-year follow-up study. Dement Geriatr Cogn Disord. 2011; 31(2):119–25.

Vuorinen M, Spulber G, Damangir S, Niskanen E, Ngandu T, Soininen H, Kivipelto M, Solomon A. Midlife CAIDE Dementia Risk Score and Dementia-Related Brain Changes up to 30 Years Later on Magnetic Resonance Imaging. J Alzheimers Dis. 2014 Sep 3.

Tolppanen AM, Solomon A, Kulmala J, Kåreholt I, Ngandu T, Rusanen M, Laatikainen T, Soininen H, Kivipelto M. Leisure-time physical activity from mid- to late life, body mass index, and risk of dementia. Alzheimers Dement. 2014 Apr 7. pii: S1552–5260(14)00034-X. doi: 10.1016/j.jalz.2014.01.008.

Tolppanen AM, Ngandu T, Kåreholt I, Laatikainen T, Rusanen M, Soininen H, Kivipelto M. Midlife and late-life body mass index and late-life dementia: results from a prospective population-based cohort. J Alzheimers Dis. 2014; 38(1):201–219.

Rusanen M, Kivipelto M, Levälahti E, Laatikainen T, Tuomilehto J, Soininen H, Ngandu T. Heart Diseases and Long-Term Risk of Dementia and Alzheimer's Disease: A Population-Based CAIDE Study. J Alzheimers Dis. 2014; 42(1):183–191.

MIND-Diät Morris, MC, Tangney CC, Wang Y, et al. «MIND diet slows cognitive decline with aging.« Alzheimer's & Dementia, (2015): 1015–1022.

Sacks FM, Appel LJ, Moore TJ, Obarzanek E, Vollmer WM, Svetkey LP, Bray GA, Vogt TM, Cutler JA, Windhauser MM, Lin PH, Karanja N. A dietary approach to prevent hypertension: a review of the Dietary Approaches to Stop Hypertension (DASH) Study. Clin Cardiol. 1999 Jul; 22(7 Suppl):III6–10.

Polyphenole Pandey KB, Rizvi SI, Plant polyphenols as dietary antioxidants in human health and disease. Oxid Med Cell Longev. 2009 Nov-Dec; 2(5): 270–278

B-Vitamine Clarke R, Bennett D, Effects of homocysteine lowering with B vitamins on cognitive aging: meta-analysis of 11 trials with cognitive data on 22,000 individuals. Am J Clin Nutr August 2014 vol. 100 no. 2 657–666

Miles LM, Allen E, Impact of baseline vitamin B12 status on the effect of vitamin B12 supplementation on neurologic function in older people: secondary analysis of data from the OPEN randomised controlled trial. Eur J Clin Nutr. 2017 Feb 22.

Dangour AD1, Allen E, Effects of vitamin B-12 supplementation on neurologic and cognitive function in older people: a randomized controlled trial. Am J Clin Nutr. 2015 Sep; 102(3):639–647

Aisen P S et al.: High-dose B vitamin supplementation and cognitive decline in Alzheimer disease. A randomized controlled trial. JAMA 300:1774–1783, 2008

Köseoglu E, Karaman Y. Relations between homocysteine, folate and vitamin B12 in vascular dementia and in Alzheimer disease. Clin Biochem. 2007; 40:859–863.

Wang B, Zhong Y, Yan H, Cui L. Meta-analysis of plasma homocysteine content and cognitive function in elderly patients with Alzheimer's disease and vascular dementia. International Journal of Clinical and Experimental Medicine. 2014; 7(12):5118–5123.

Omega-3-Fettsäuren Burckhardt M, Herke M, Wustmann T, Watzke S, Langer G, Fink A.: Omega-3 fatty acids for the treatment of dementia. Cochrane Database Syst Rev. 2016 Apr 11;4:CD009002. doi: 10.1002/14651858.CD009002.pub3

Aluminium Walter Stehling, Timo Grimmer, Alexander Kurz. Leichtes Metall mit schweren Folgen? Aluminium und die Alzheimer-Krankheit. Alzheimer Info 3/13

Sonstiges Gold CA, Budson AE. Memory Loss in Alzheimer's Disease: Implications for Development of Therapeutics. Expert Rev Neurother. 2008; 12:1879–1891

Wurtman, R.J. et al. «Nutritional Modifiers of Aging Brain Function: Increasing the Formation of Brain Synapses by Administering Uridine and Other Phosphatide Precursors.« Nutrition reviews 68.Suppl 2 (2010): S88–101. PMC. Web. 18 May 2017.

Astarita, Giuseppe et al. «Deficient Liver Biosynthesis of Docosahexaenoic Acid Correlates with Cognitive Impairment in Alzheimer's Disease.« Ed. Silvana Gaetani. PLoS ONE 5.9 (2010): e12538. PMC. Web. 18 May 2017.

Sperling RA, Aisen PS, Beckett LA, et al. Toward defining the preclinical stages of Alzheimer's disease: recommendations from the National Institute on Aging-Alzheimer's Association workgroups on diagnostic guidelines for Alzheimer's disease. Alzheimers Dement 2011; 7:280–292.

Kamphuis PJ, Scheltens P. Can nutrients prevent or delay onset of Alzheimer's disease? J Alzheimers Dis. 2010; 20(3):765–775.

Espeland MA, Luchsinger JA, Baker LD, Neiberg R, Kahn SE, Arnold SE, Wing RR, Blackburn GL, Bray G, Evans M, Hazuda HP, Jeffery RW, Wilson VM, Clark JM, Coday M, Demos-McDermott K, Foreyt JP, Greenway F, Hill JO, Horton ES, Jakicic JM, Johnson KC, Knowler WC, Lewis CE, Nathan DM, Peters A, Pi-Sunyer X, Pownall H, Wadden TA, Rapp SR; Effect of a long-term intensive lifestyle intervention on prevalence of cognitive impairment. Neurology. 2017 May 23;88(21): 2026–2035.

Hughes TM, Craft S, Baker LD, Espeland MA, Rapp SR, Sink KM, Bertoni AG, Burke GL, Gottesman RF, Michos ED, Luchsinger JA, Fitzpatrick AL, Hayden KM. Changes in metabolic risk factors over 10 years and their associations with late-life cognitive performance: The Multi-Ethnic Study of Atherosclerosis. Alzheimers Dement (Amst). 2017 Mar 31; 8:18–25.

Wu YT: Nutrition and the prevalence of dementia in mainland China, Hong Kong, and Taiwan: an ecological study. J Alzheimers Dis. 2015;44(4):1099–1106. doi: 10.3233/JAD-141926.

Patrick Holford, Shane Heaton & Deborah Colson: The Alzheimer's Prevention Plan, 2011

Liebe Leserin, lieber Leser,

hat Ihnen dieses Buch weitergeholfen? Für Anregungen, Kritik, aber auch für Lob sind wir offen. So können wir in Zukunft noch besser auf Ihre Wünsche eingehen. Schreiben Sie uns, denn Ihre Meinung zählt!

Ihr TRIAS Verlag

E-Mail Leserservice
kundenservice@trias-verlag.de

Lektorat TRIAS Verlag
Postfach 30 05 04
70445 Stuttgart
Fax: 0711 89 31-748

Sachverzeichnis

Rezeptverzeichnis

Bibliografische Information der Deutschen Nationalbibliothek
Die Deutsche Nationalbibliothek verzeichnet diese Publikation in der Deutschen Nationalbibliografie; detaillierte bibliografische Daten sind im Internet über http://dnb.d-nb.de abrufbar.

Programmplanung: Uta Spieldiener
Redaktion: Ursula Brunn-Steiner, Vaihingen/Enz
Bildredaktion: Christoph Frick, Nadja Giesbrecht
Umschlaggestaltung und Innen-Layout: CYCLUS Visuelle Kommunikation, Stuttgart

Bildnachweis
Umschlagfoto: Stockfood
Fotos im Innenteil: Meike Bergmann, Berlin
Fotostyling: Caroline Franke, Berlin
Grafiken: Christine Lackner, Ittlingen; Daniela Sonntag, Stuttgart

1. Auflage 2018

Printed in Germany

Satz und Repro:
Reemers Publishing Services, Krefeld
gesetzt in Adobe Indesign CC 2018
Druck: AZ Druck und Datentechnik GmbH, Kempten

Gedruckt auf chlorfrei gebleichtem Papier

ISBN 978-3-432-10618-2

Auch erhältlich als E-Book:
eISBN (ePub) 978-3-432-10620-5

2 3 4 5 6

Wichtiger Hinweis: Wie jede Wissenschaft ist die Medizin ständigen Entwicklungen unterworfen. Forschung und klinische Erfahrung erweitern unsere Erkenntnisse. Ganz besonders gilt das für die Behandlung und die medikamentöse Therapie. Bei allen in diesem Werk erwähnten Dosierungen oder Applikationen, bei Rezepten und Übungsanleitungen, bei Empfehlungen und Tipps dürfen Sie darauf vertrauen: Autoren, Herausgeber und Verlag haben große Sorgfalt darauf verwandt, dass diese Angaben dem Wissensstand bei Fertigstellung des Werkes entsprechen. Rezepte werden gekocht und ausprobiert. Übungen und Übungsreihen haben sich in der Praxis erfolgreich bewährt.

Eine Garantie kann jedoch nicht übernommen werden. Eine Haftung des Autors, des Verlags oder seiner Beauftragten für Personen-, Sach- oder Vermögensschäden ist ausgeschlossen.

Geschützte Warennamen (Warenzeichen) werden nicht besonders kenntlich gemacht. Aus dem Fehlen eines solchen Hinweises kann also nicht geschlossen werden, dass es sich um einen freien Warennamen handelt.